知らないと損をする

配偶者控除「つまりいくらまで働ける？」がわかる本

令和最新版

税理士／社労士／中小企業診断士／FP
中正樹

秀和システム

はじめに

「もっと豊かな生活がしたい！」

そう切望しているご家庭は多いと思います。働いた分の給料や賞与を、「総支給額」の金額で丸々もらい、それらすべてを自由に使っておいしいものを食べ、いい家に住み、趣味にもふんだんにお金をかけられたら、どんなにいいでしょうか。

とはいえ私達は、給料や賞与を総支給額で丸々もらい、それらを自由に使い切るなんてことは不可能だということも知っています。なぜなら給料や賞与から、税金や社会保険料などが数十パーセントも差し引かれてしまうからです。

わが国の夫婦がいる世帯のうち、夫婦ともに就業している「共働き世帯」は約50％、夫または妻のみ就業している「専業主婦（夫）世帯」は約25％といわれています。

共働き世帯においては、夫婦ともに本格的に働いているケースや、どちらかがパートタイマー的に働いているケースなど、夫婦の収入バランスは各世帯によってまちまちです。

ただいえることは、これら合計75％の「共働き世帯」「専業主婦（夫）世帯」において、税金面では「配偶者控除等」という優遇制度を利用できるチャンスがあるということです。

わが国の働く妻、または夫は、多くの場合、自らの給与収入を気にしながら働いています。本来は、たくさん働いて多くの収入を得ることができれば、その分より豊かな生活ができ、貯蓄を増やすこともできます。

しかし、働き過ぎると「扶養の範囲」から外れてしまい、場合によっては自分の、または自分を扶養している「納税者本人」の税金などの支出がかえって増えてしまうこともあり得ます。

より多く働くことで税金なども増え、結果的に、夫婦の給与手取額を合算した「世帯可処分所得」が減ってしまうようであれば、そもそも苦労して働く意味がありません。

では「配偶者」は、いったいいくらまで働けばよいのでしょうか？　いくら働けば、納税者本人である夫または妻の負担にならず、給与手取額が増え、さらには世帯可処分所得も増え、皆がハッピーな状態を獲得できるのでしょうか。

「それが簡単にわかるなら苦労はしないよ！」という声がどこからか聞こえてきそうですね。

そうなのです。配偶者がいくらまで働けば、世帯可処分所得をピークポイントまで引き上げられるのかは、共働き世帯にとって永遠の課題でもあるのです。

働く時間を増やせば、その分比例して「給与収入」は増えますが、収入の増加に対して「世帯可処分所得」の方がそれほど増えず、いわば不効率な働き方になってしまう現象が往々にして発生します。

それどころか、収入の増加が特定のデッドポイントを通過したとたん、奈落の底に突き落とされるように、世帯可処分所得が激減してしまうことすらあるのです。

なぜ、そのような理不尽な状況に陥ってしまうのでしょうか。それは世帯可処分所得を「増やす」複数の要素と、「減らす」複数の要素が、それぞれ相互に干渉しあい、世帯可処分所得を思いもよらない方向へと向かわせてしまうからなのです。

このうち「増やす」要素の代表的なものは、所得税や住民税を減少させる効果のある「配偶者控除等」や、配偶者がいることで納税者本人の給与に加算される「配偶者手当」などが該当します。

一方「減らす」方の要素の代表的なものは、働く時間を延ばしていくと、あるポイントで給料から天引きされ始める「社会保険料」や「雇用保険料」などが該当します。

これら種々の要素が固定的な金額であればまだしも、これらはどれも固定的ではなく、夫婦それぞれの働き具合によって増減する性質を有しています。そのため、対応に苦慮することになってしまうのです。

ただ「敵を知り己を知れば百戦危うからず」の故事にもあるように、これらの「敵を知る」、すなわち「配偶者控除等」「社会保険」「配偶者手当」を知り、攻略すれば「百戦危うからず」、つまり最大限の世帯可処分所得を勝ち得ることができるのです。

本書では、わが国の共働き世帯の味方となるべく、これら「配偶者控除等」「社会保険」「配偶者手当」の攻略方法を解説し、最大限の世帯可処分所得を得るためのアシストをする目的で書かれています。

その上に立って自世帯防衛のため効率的に収入を得、無駄働きを回避し、過剰な税金や社会保険料の負担をなくすことによって、より豊かで潤いのある生活を手にされることを願ってやみません。

２０２３年　２月

税理士／社労士／中小企業診断士／ＦＰ

中　正樹

もくじ Contents

第3章 配偶者特別控除と「150万円の壁」

第7章 収入ケース別に見積もる「いくらまで働ける？」

知っ得! コラムもくじ

この本では「配偶者控除等」「住民税」「社会保険」「配偶者手当」などについて解説していますが、それ以外にも、可処分所得を増やしたり、家計を助けるのに有用な制度などがあります。このコラムには、そういった制度の紹介や、この本を読む際の理解の助けになる豆知識を載せています。

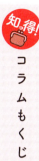

配偶者　納税者

配偶者・または納税者本人の収入に、特に影響や関連が強い節については、それぞれアイコンが付いています。どちらの収入にも深く関わる節については、両方のアイコンが入っている場合があります。

第1章

「配偶者控除等」は共働き世帯の救世主

この章の内容

1-01

「可処分所得」を最大化するために

サラリーマン世帯を揺るがした、2018年の配偶者控除等「150万円の壁」出現も過去のこととなり、今ではすっかり年末調整における基本処理項目として定着した感があります。

それ以前、パートで働く配偶者には「103万円の壁」が立ちはだかっていましたが、当時のこの改正は、以前より年間47万円も多く働くことが許されるという革新的な税制改正でした。

年間収入わずか103万円のパートタイマーだった立場が、年間収入150万円まで稼げるようになり、まるで正社員として働いているかのような感覚を覚えた方もいらっしゃったでしょう。

ただ2018年の配偶者控除等の大幅改正は「150万円の壁」という言葉のインパクトが強過ぎたせいか、それ以降その言葉だけが一人歩きしてしまったようです。その結果、配偶者の給与収入が150万円を超えることを恐れるあまり、以前の103万円での就業調整（それ以上働かなくすること）に代わって、150万円での就業調整を選択する世帯が増加することになってしまいました。

確かに、たとえば社会保険の「130万円の壁」のような、それ以上稼ぐと手取収入が数十万円も激減してしまうような固定的な性質を持った「壁」も存在しますが、配偶者控除等の「150万円の壁」はそれとは異なります。

配偶者控除等の場合は、150万円を超えても201万5999円までは利用可能な、いわば変則的な「壁」の性質を有しているのです。これらについては後の章で解説いたします。

大切なことはあなたの世帯の可処分所得をどれだけ増やせるか、もしくは、どれだけ減らさずに済ませられるかということにつきます。

すなわち国が税制をどう改正（改悪？）したとしても、あるいは「みなし税金」と称される社会保険の仕組みをどう改定したとしても、勤務先が配偶者手当をどう変更したとしても、あなた自身が素早く立ち回り、世帯可処分所得を最高可能限度額にキープし続けることが重要です。

本書では、所得税法の配偶者控除等をベースとして、さらにそれとは切っても切れない他の配偶者関連制度のマネー損得までをも含めて、広範な視野から解説していきます。


知っ得!

収入と所得の違い

同僚やご近所さん、友人などとの雑談で、家計の話をしているときなどに、収入と所得とが混在してしまってお互いわけがわからなくなることがよくあります。

両方を同じ意味で使う方も多くいますが、会話をスムーズに運ぶためには区別して使った方が時間のロスを避けられますね。

本書においては基本的に「収入」は「給料・賞与の総支給額」のことを、「可処分所得」は「収入から税金・社会保険料を控除した差引支給額」のことを指しています。

1-02 「納税者本人」と「配偶者」について

配偶者控除等の仕組みは「人的控除（次の1-03節で解説します）」の中で最も複雑なこともあって、登場人物をまず整理しておかないと混乱をきたし、理解が進まなくなるおそれがあります。

つまり、この制度は節税に有利な制度ではあるのですが、意外なことに配偶者自身の税金が節税できるというわけではありません。節税できる当事者は「配偶者の配偶者」＝「納税者本人」です。

たとえば「配偶者」が「妻」であり、「納税者本人」が「夫」であった場合、節税できるのは納税者本人である夫の方になります。

なお本書においては、夫でも妻でも、配偶者控除等を受けることができて、節税できる本人の側を「納税者本人」、配偶者控除等の対象となった納税者本人の配偶者を「配偶者」と表していきます。

また今後の解説において、複雑な内容で混乱を生まないよう、便宜的に「納税者本人が夫、配偶者が妻」というケースを例としている場合がありますが、決して納税者本人は夫であるべき、配偶者は妻であるべきと、役割を固定する意図があるわけではありません。もし、あなたのケースが「納税者本人が妻、配偶者が夫」であった場合は、お手数ですが「夫」と「妻」を読み替えていただければ幸いです。

また、所得控除額が大きく、最終的に納税不要となったような場合においても、便宜的に「納税者本人」との表現をとらせていただきます。

知っ得!

配偶者控除等の失念

年末において配偶者がおられる方は、配偶者控除等を受けて税金を減らすことができます。

ところが縁起でもないのですが、年の途中に配偶者が死亡した場合、年末には配偶者がいなかったとの理由で配偶者控除を受けない方がときどきいます。

年中死亡の場合は、その時点で要件を満たしていれば配偶者控除等を受けられるので、節税のためにも配偶者控除等をしっかり受けることをお忘れなく。

1-03 「配偶者控除」と「配偶者特別控除」は「人的控除」の代表格

サラリーマンや会社役員など、給与所得を得ている方は毎年12月に年末調整を、個人事業者や複数種類の所得がある方は毎年3月に確定申告を行うことになります。

これら年末調整や確定申告の計算においては、収入から「所得控除」を差し引くことができます。差し引いた残額に対して所得税や住民税が課せられるので、この所得控除が多ければ多いほど、税額が減少し得をすることになります。

所得控除の主なものとしては「物的控除」と「人的控除」の2種類があります。物的控除の代表的なものとしては、年末調整でおなじみの生命保険料控除や社会保険料控除などがあります。

一方人的控除とは、配偶者や扶養親族など「人」に関する所得控除のことです。配偶者控除の他、基礎控除や障害者控除など、分類基準にもよりますが全部で15種類もの人的控除があります（次ページ参照）。

人的控除

名称	対象者	基本
基礎控除	納税者本人	○
配偶者控除	配偶者	○
配偶者特別控除	配偶者	○
扶養控除	扶養親族	○
年少扶養控除	16歳未満の扶養親族	
老人配偶者控除	70歳以上の配偶者	
特定扶養親族控除	19～22歳の扶養親族	
老人扶養親族控除	70歳以上の扶養親族	
同居老親等控除	同居の老人扶養親族	
障害者控除	一定の障害者	
特別障害者控除	障害者2級以上者など	
同居特別障害者控除	同居している特別障害者	
寡婦控除	夫と死別した者など	
ひとり親控除	一定の未婚者など	
勤労学生控除	勤労する大学生など	

※上記表は理解のため簡易的な表現を採用しています。
※「基本」の列は「基本的人的控除」を示しています。

この人的控除の中には、利用頻度と重要性の特に高い控除があり「基本的人的控除」と呼ばれ、人的控除の代表格として位置づけられています。この基本的人的控除には4種類のものがあり、「基礎控除」「配偶者控除」「配偶者特別控除」「扶養控除」のそれぞれを指します（前ページ表の○印参照）。

本書ではこのうち「配偶者控除」と「配偶者特別控除」を中心に、これらを利用することで所得税等を最大限引き下げる方法を解説していきます。

1-04

配偶者控除と配偶者特別控除はトレードオフの関係

1-03節で紹介した「4種類の基本的人的控除」のうち、配偶者控除と配偶者特別控除は名称からして似通っており、控除額の計算においても深く関連しています。

また、これら2種類の控除制度は「配偶者控除等」というように、末尾に「等」を付けることにより、2種類ひとくくりで呼ばれています。次ページがこれらの関係性を示した図です。

配偶者控除等

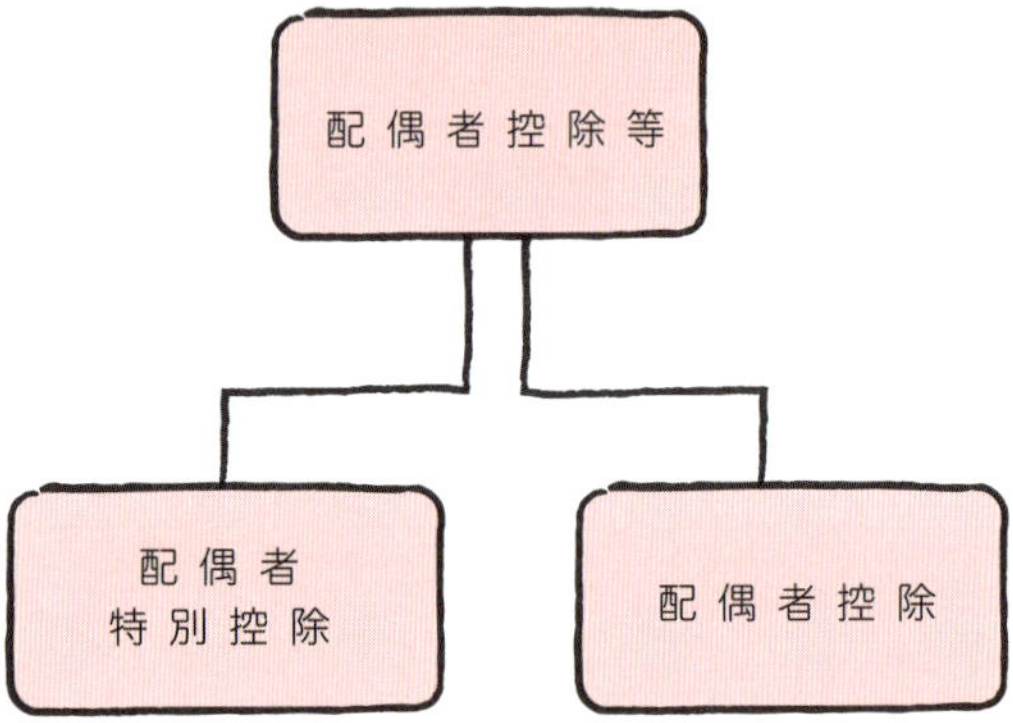

これら2種類の控除は残念ながら両方同時に使えるわけではなく、一方が使えるようになったとたん、もう一方が使えなくなるという、いわばトレードオフの性質を有しています。

利用可能範囲を配偶者の収入面から見ると、2種類の控除いずれかの適用により、ゼロ円から200万円を超える金額まで幅広くこれらの控除制度を使うことができます。この幅広さの点からも所得控除の中での重要度の高さがうかがわれます。

このような重要度の高さから、働く配偶者の関心度の高さもダントツであり、筆者が顧問先で働くパートタイマーなどから受ける相談の中でも、これら2種類の控除制度についての質問・相談頻度が毎年不動のトップの地位を維持し続けています。

これらの制度を上手く使いこなせるか否かで、彼ら彼女らの世帯可処分所得が大きく変動してしまうのですから、関心が極めて高いことは当然といえます。

なお、両制度の具体的な内容については、後の章で詳しく解説していきます。

1-05 配偶者関連制度の相互関係を整理する

本書の中心的な内容は税務上の「配偶者控除等」についてです。ただ本書を手に取られた方々の最終目的は、納税者本人と配偶者との世帯可処分所得を最大化することにあるはずです。

であれば税務上の配偶者控除等についてのみ理解し、対策を練るだけでは、片手落ちと言わざるを得ません。世帯可処分所得を最大化するために理解し、対策を練る必要のある配偶者関連制度は、他にも多数存在するからです。

中でも重要性と対策効果が高いものの代表としては、給与収入を得ることで配偶者の給与から天引きされることになる「社会保険」と、納税者本人が勤務先から受け取る「配偶者手当」の二つが挙げられます。

これら3種類の制度「配偶者控除等」「社会保険」「配偶者手当」は、相互に関連しあっています。このうちのいずれかが増減すれば他の1種類ないしは2種類が増減し、また他のいずれかが増減してもやはりその他の1種類ないしは2種類に同じような影響が出る可能性があります。

つまり、どのように影響しあうのが良いのでしょうか。

「好ましい方向性」としては、「配偶者控除等は最大化、社会保険は最小化、配偶者手当は最大化」のベクトルに向かうことです。そうすれば、結果として世帯可処分所得が最大化することにつながります。

これら相互に関連する3種類の制度の具体的な影響と対策、及びモデルケースについても、本書の中で順に解説していきます。

これら各制度の関連性と好ましいベクトルについて、次ページの図でイメージ化していますのでご覧ください。

3者相関図と好ましいベクトル

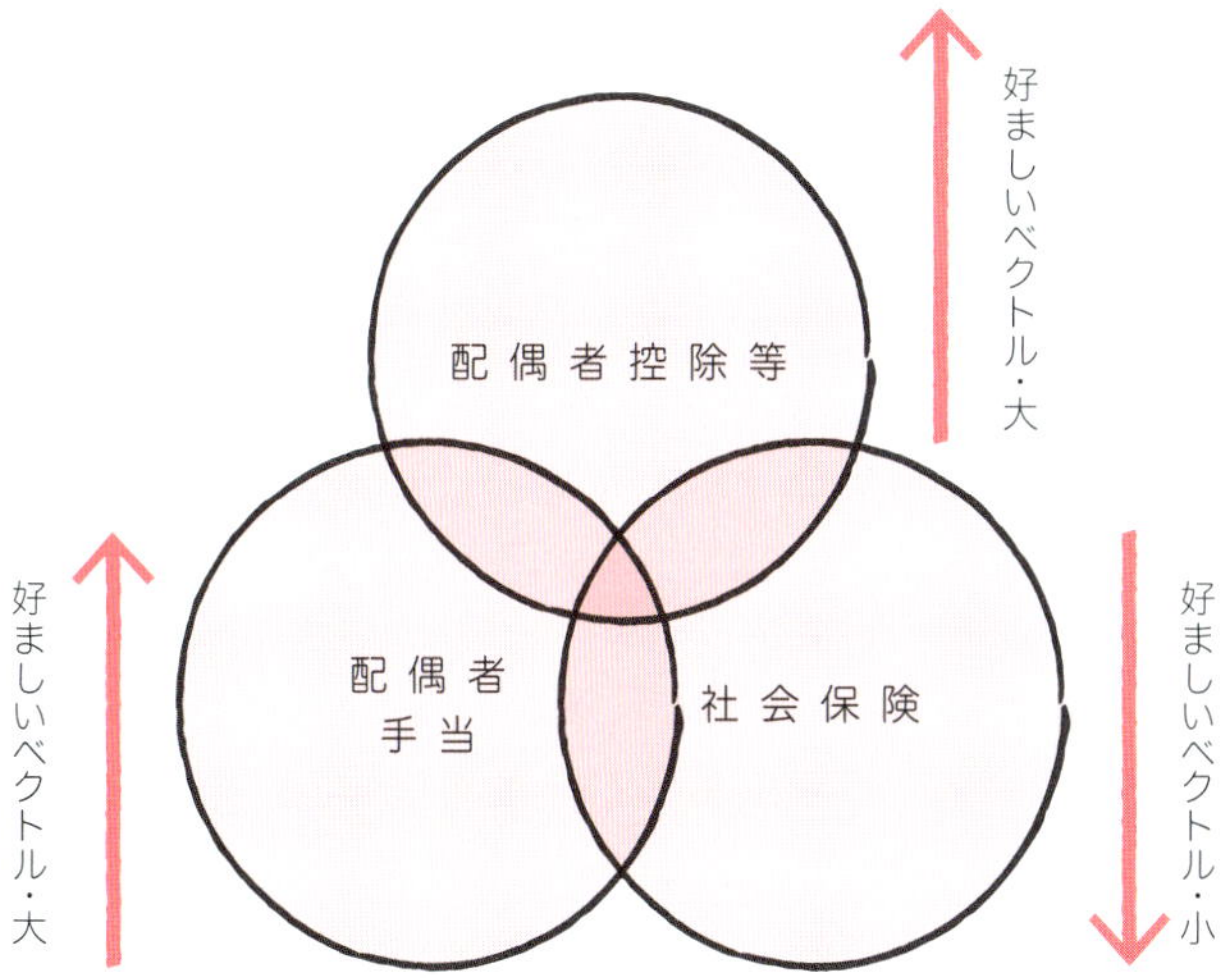

1-06 いわゆる「壁」の全体像

世帯合算所得の最大化を目指す際に障壁となるのが、まさに「壁」と呼ばれる存在です。壁の代表的なものには、所得税の「150万円の壁」や、社会保険の「130万円の壁」などがあります。

ただ壁の種類を細分化していくと、まだまだ多くの種類が存在します。最も、それらすべての解説を始めてしまうと、本書一冊では収まらなくなるでしょう。

そこで、少なくとも本書で解説する重要度の高い壁の種類を、まずは俯瞰する意味合いで、次ページにイメージ表示してみます。次章以降の各章の位置づけを理解する際に役立つはずです。

なお、図中に表示された多段階の壁のうち、似たような名称の壁がいくつかありますが、それらの詳細につきましても、後の章で解説させていただきます。

いわゆる「壁」の全体像

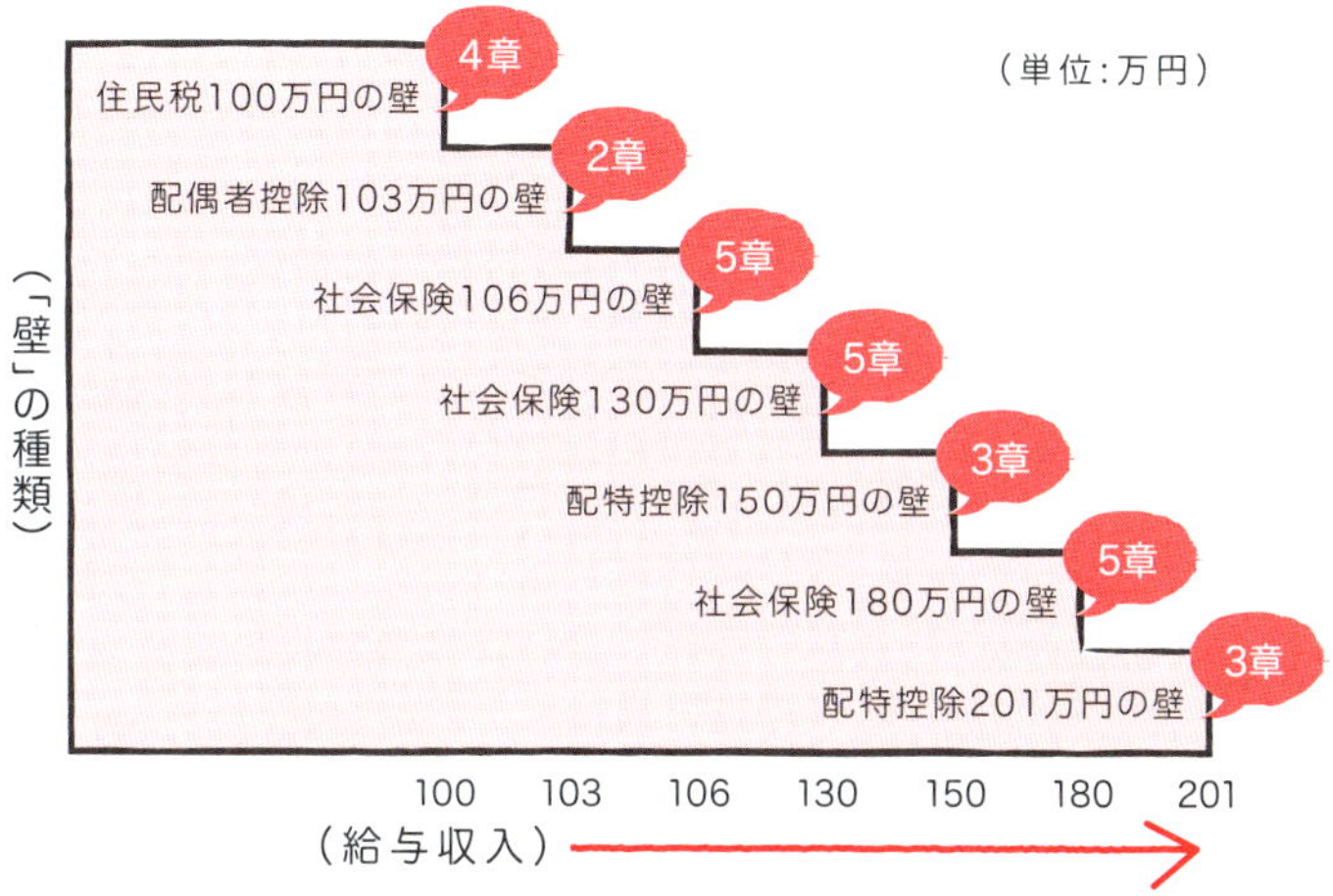
(単位:万円)
4章
住民税100万円の壁
2章
配偶者控除103万円の壁
5章
社会保険106万円の壁
5章
社会保険130万円の壁
3章
配特控除150万円の壁
5章
社会保険180万円の壁
3章
配特控除201万円の壁
(「壁」の種類)
100
103
106
130
150
180
201
(給与収入)

所得を増やす
チャンスがいろいろ
あるんですね!

知っ得!

教育訓練給付

共働き夫婦の場合、勤務先から渡される給料明細書の控除項目で雇用保険料が控除されているケースが多いと思われます。控除されていれば、雇用保険に加入しているということになります。

せっかく雇用保険料を支払っているのであれば、せめて支払分を取り戻す策を講じたいところですね。

取り戻すアイテムの一つに「教育訓練給付」があり、介護関連や運転免許関連をはじめとして500前後の教育訓練講座が用意されています。給付額は受講費用の20％（上限10万円）などです。

キャリアアップを目指す若年層や、再就職を目指す中高年の方々などで、教育訓練講座一覧の中に、ご自分が探している講座がもし見つかるのであれば利用価値大ですね。

第2章

そもそも「配偶者控除」って？

この章の内容

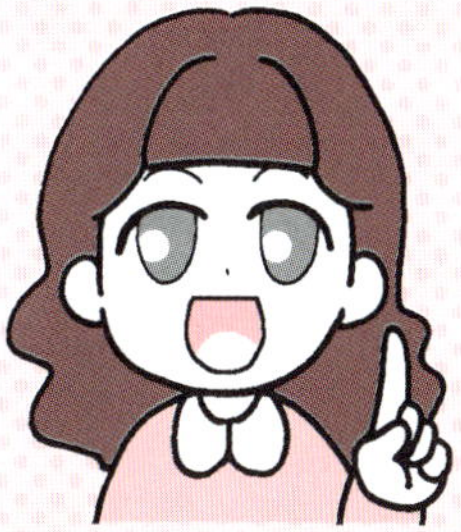

2-01

配偶者控除の対象者はどんな人？

サラリーマンであれば「配偶者控除」と聞けば、「年末調整のときに税金を引いてもらえる、あの制度のことだな。」とピンとくるのではないでしょうか。

配偶者控除とは、納税者本人に所得税法上の「控除対象配偶者」がいる場合に、一定額の所得控除を受けることができる制度のことをいいます。

ここでいうところの「控除対象配偶者」とは、その年の12月31日において次の5つの要件すべてを満たす配偶者を指します。

控除対象配偶者の5要件

❶ 民法の規定による配偶者であること。
❷ 納税者本人と生計を一にしていること。
❸ 年間の合計所得金額（次節で説明）が48万円以下であること。
❹ 納税者本人の合計所得金額が1000万円以下であること。

❺ 青色申告者の事業専従者として、その年を通じて一度も給与の支払いを受けていないこと、または白色申告者の事業専従者でないこと。

これら5つの要件を読むと、何だか難解で、条件を満たせそうにない印象を受けるかもしれませんが、毎年勤務先の年末調整で、問題なく配偶者控除等を受けられている方であれば、これら5つの要件は満たしていると考えて差し支えないでしょう。

もし、前述の5つの要件の説明だけでは不安や疑問がぬぐえないようでしたら、次の補足情報も参照してみてください。

補足情報

❶に関して、内縁関係の妻など法律婚でない場合は該当しません。
❷に関して、別居しそれぞれの収入で生活しているような場合は該当しません。
❸に関して、給与所得以外の雑所得なども含めた金額となります。
❹に関して、給与収入の場合は1195万円以下に限られます。
❺に関して、納税者本人が個人事業を営んでいるケースです。

配偶者
納税者

2-02

重要キーワード「合計所得金額」を押さえておく

前の2-01節で「合計所得金額」という用語が出てきました。この用語は以下たびたび出てくる頻出用語ですので、一度簡単に説明しておきたいと思います。

もしあなたがサラリーマンやパートタイマーのように、給料や賞与を得て生活している方であり、それら以外の収入のない方だとすれば、理解は容易です。「給与所得＝合計所得金額」と考えていただいてかまいません。（次ページの図①参照）なお、給与所得については次の節で説明します。

一方、不動産収入や副業的な事業収入、保険金の満期受取金、公的年金収入などがある方の場合、これらより生じた所得を合算した金額が合計所得金額となります。このようなケースでは、所得の種類が増えれば増えるほど計算が複雑化します（次ページの図②参照）。

合計所得金額

①給与だけのケース

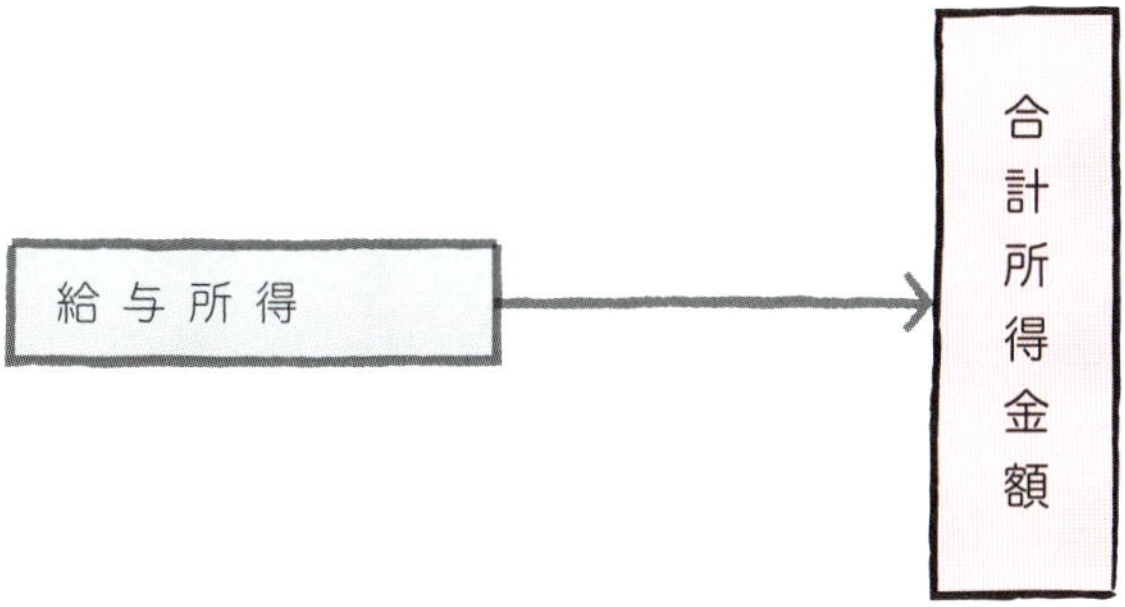

②給与以外もあるケース

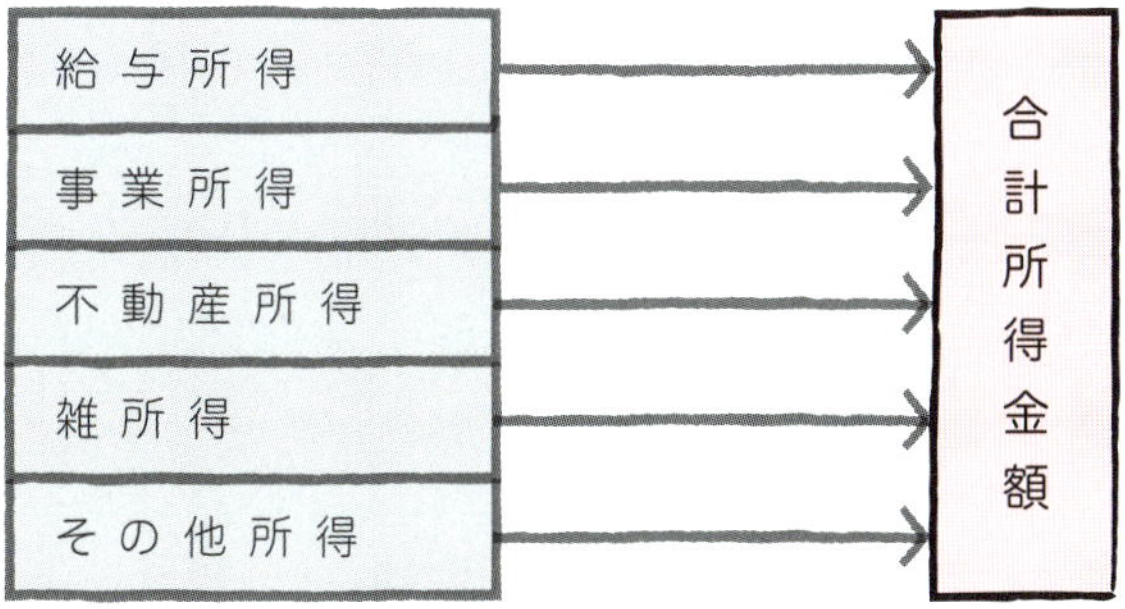

※所得の計算は暦年（その年）単位で行う。

配偶者

納税者

2-03

「給与所得」は給料とボーナスの単純合計額ではない

前節2-02において、サラリーマンの給与所得は、勤務先から受け取る給料や賞与が基になっていることは、ご理解いただけたと思います。

ただし給与所得は、単に給料や賞与をそのまま合算した金額というわけではありません。その合算額から「給与所得控除額」を差し引いた金額が「給与所得」とされる仕組みになっています。

左の図を見てみましょう。

たとえば年600万円の給与を受け取った方がいたとします。その場合は、年間164万円もの給与所得控除額を、受け取った給与から控除することが認められているのです（左ページ上の図）。

給与所得者が給与所得控除を受けられることの減税効果は絶大であり、このケースでは税額に換算すれば、所得税と住民税を合わせて約50万円もの軽減となります。

給与所得の算出方法

給料及び賞与 − 給与所得控除額 ＝ 給与所得

例：[給料及び賞与が年間600万円の場合]

給与所得控除額：600万円×20%＋44万円＝164万円

給与所得：600万円－164万円＝436万円

給与所得控除額

収入金額　A	給与所得控除額
1625千円以下	550千円（収入金額が限度）
1625千円超　1800千円以下	A×40%－100千円
1800千円超　3600千円以下	A×30%　＋　80千円
3600千円超　6600千円以下	A×20%　＋　440千円
6600千円超　8500千円以下	A×10%　＋　1100千円
8500千円超	1950千円

納税者

2-04

配偶者控除額は3段階で減っていく

配偶者控除の基本額は「38万円」です。ただし納税者本人の所得が増加するにつれ、基本額の「38万円」から「26万円」、さらには「13万円」へと3段階に減少してゆくことになります。

納税者本人の合計所得金額が900万円以下、給与収入でいえば1095万円以下であれば、基本額の38万円の配偶者控除額を受けられます。一般的なサラリーマンであれば、給与収入はほとんどこの範囲内に収まるのではないでしょうか。

この範囲にとどまらず、納税者本人の合計所得金額が900万円を超え950万円以下であれば26万円、950万円を超え1000万円以下の範囲であれば13万円の配偶者控除額へと徐々に減少していきます。さらに1000万円を超えると0円、つまり配偶者控除は受けられなくなります。

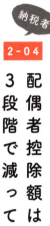

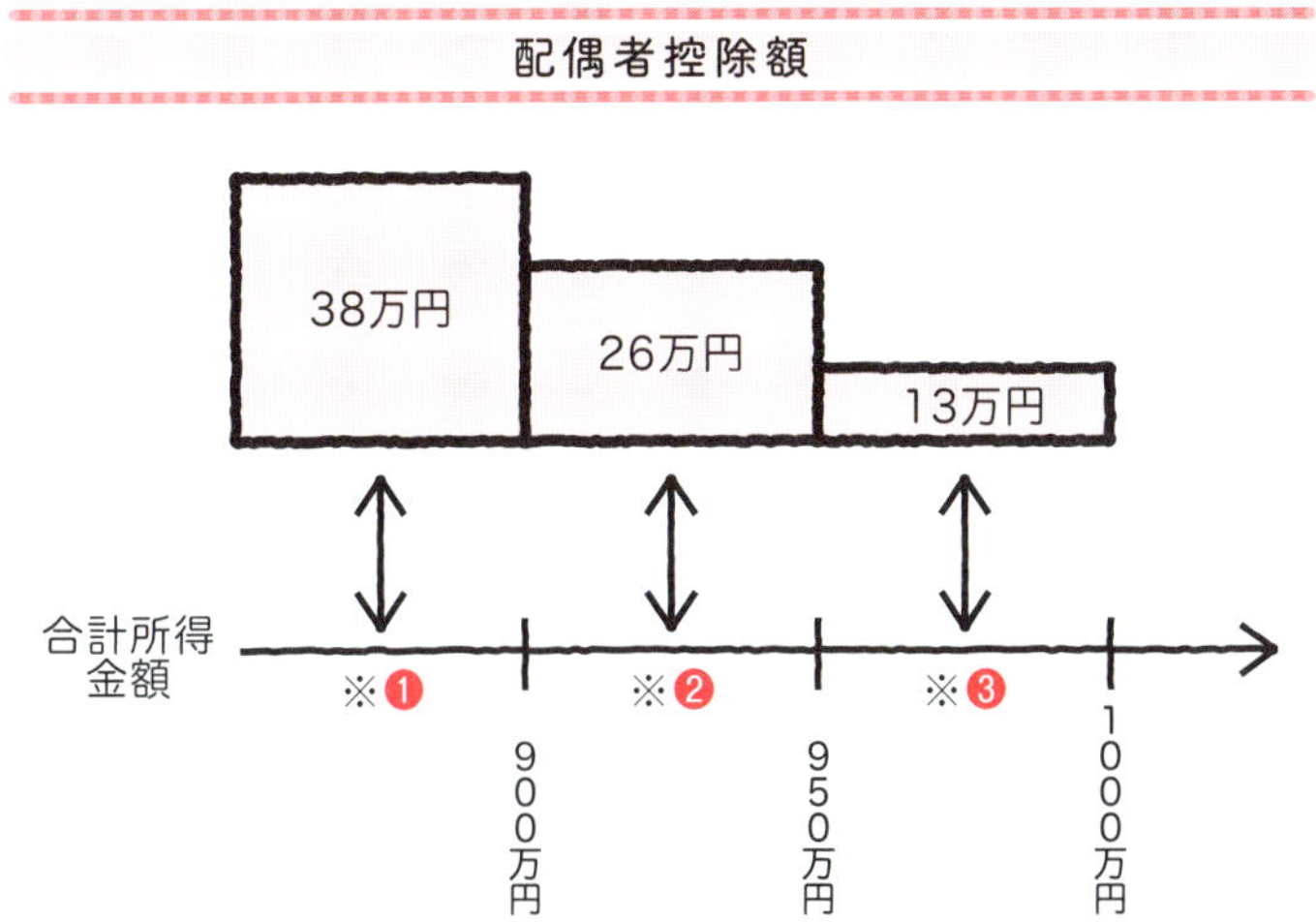

❶控除額38万円（上の図※❶）
合計所得金額が900万円以下の場合
❷控除額26万円（上の図※❷）
合計所得金額が900万円超
950万円以下の場合
❸控除額13万円（上の図※❸）
合計所得金額が950万円超
1000万円以下の場合

上の図は、これらのことをイメージ化したものです。

配偶者

納税者

2-05

配偶者が70歳以上だと割増額ゲット

配偶者控除の基本額については、前節2-04の説明の通りなのですが、配偶者が70歳以上の場合は、控除額が次のように少しずつ割り増しとなります。年を取ることを嘆く人は多いですが、配偶者控除に限っては70歳になるのが待ち遠しくなりますね。

❶控除額48万円（10万円割り増し）
次ページの図※❶…合計所得金額が900万円以下の場合
❷控除額32万円（6万円割り増し）
次ページの図※❷…合計所得金額が900万円超950万円以下の場合
❸控除額16万円（3万円割り増し）
次ページの図※❸…合計所得金額が950万円超1000万円以下の場合

「年齢七掛説（ねんれいななかけせつ）」によれば、今の70歳は昔の49歳（70歳×0・

老人配偶者控除額

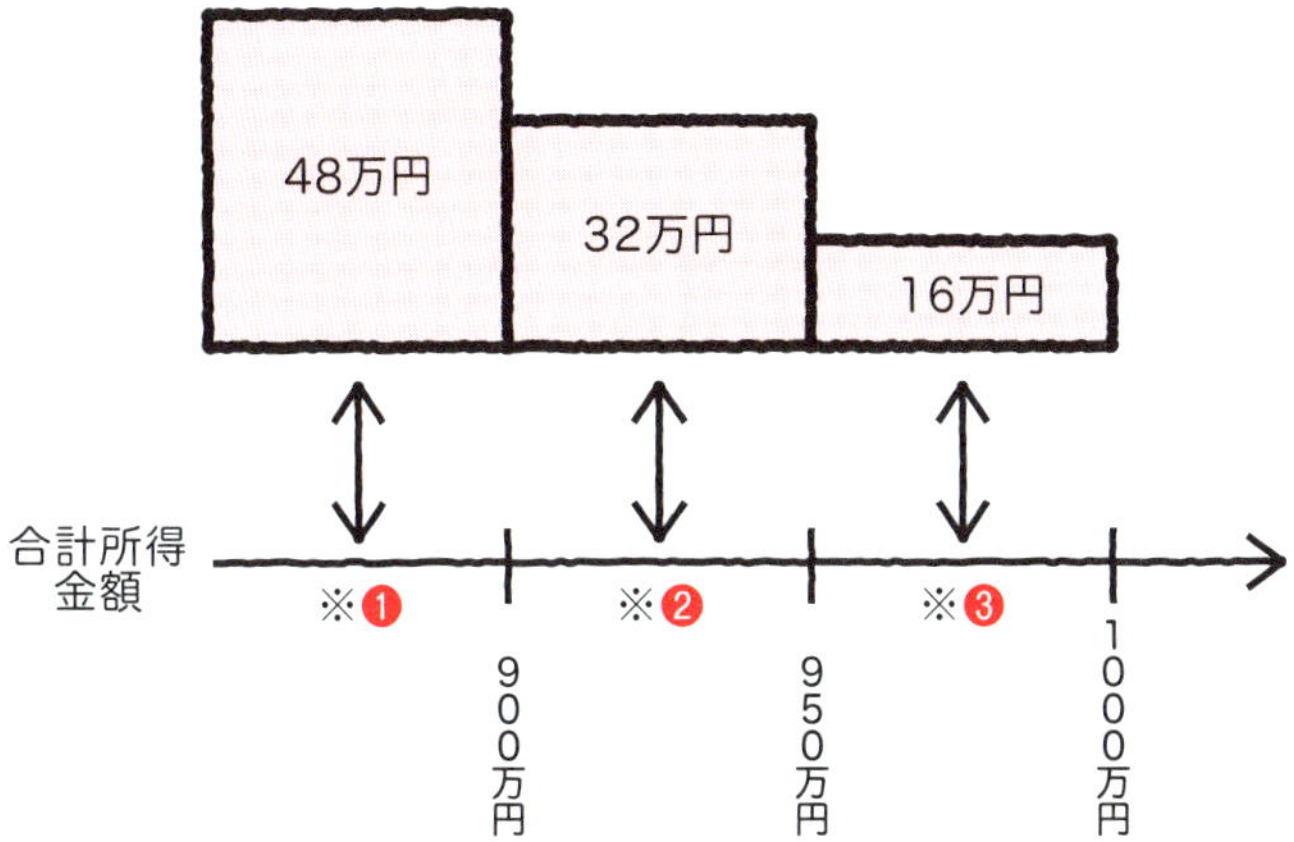

7）ということになり、まだまだ現役真っ盛りです。引け目を感じる必要など全くありません。

それぞれご自分のペースでアクティブに活動するとともに、税制その他70歳以上となったら受けられる様々な特典もアクティブに取り入れていきましょう。

上のイメージ図は、配偶者控除額の割増額と各区分を図示したものです。

納税者

2-06

配偶者控除等の申告書サンプル

皆様は年末調整の時期が来ると、勤務先から横書A4サイズの3枚の申告書を配られると思います。それらの申告書の右肩には、それぞれ「㊈、㊌、(基・配・所)」と丸で囲った文字が表示されているはずです。

この中の(基・配・所)の申告書は、「基礎控除」と「配偶者控除等」と「所得金額調整控除」の3種類の控除を兼ねた申告書になっています。

一枚の申告書に無理矢理3種類の控除制度を詰め込んでしまったので、なんとも複雑怪奇な様式になっています。げんなりしながら眺めてみると、実はそれぞれの制度が「左」「右」「下」のエリアに区分されていて、意外と興味深い構成となっていることに気付きます。

42ページにこの申告書を表示しましたのでご覧ください。

右側中段の囲み部分は「給与所得者の配偶者控除等申告書」のエリアとなっていいま

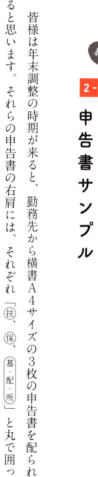

す。2-04節で解説した「配偶者控除の基本額」は、下段囲み枠「控除額の計算」のうち「②、ABC枠」の「38万円、26万円、13万円」が該当します。

次に2-05節で解説した「70歳以上の割増額」は、同じく「①、ABC枠」の「48万円、32万円、16万円」が該当します。

これら①枠と②枠の下「摘要」欄には、ご丁寧に「配偶者控除」と記載されています。この部分を見ることによって、配偶者控除と配偶者特別控除を含めた配偶者控除等全体の中での、配偶者控除の位置づけがおわかりになるのではないでしょうか。

とりあえずは「右側中段エリア」に注目ってことですね！

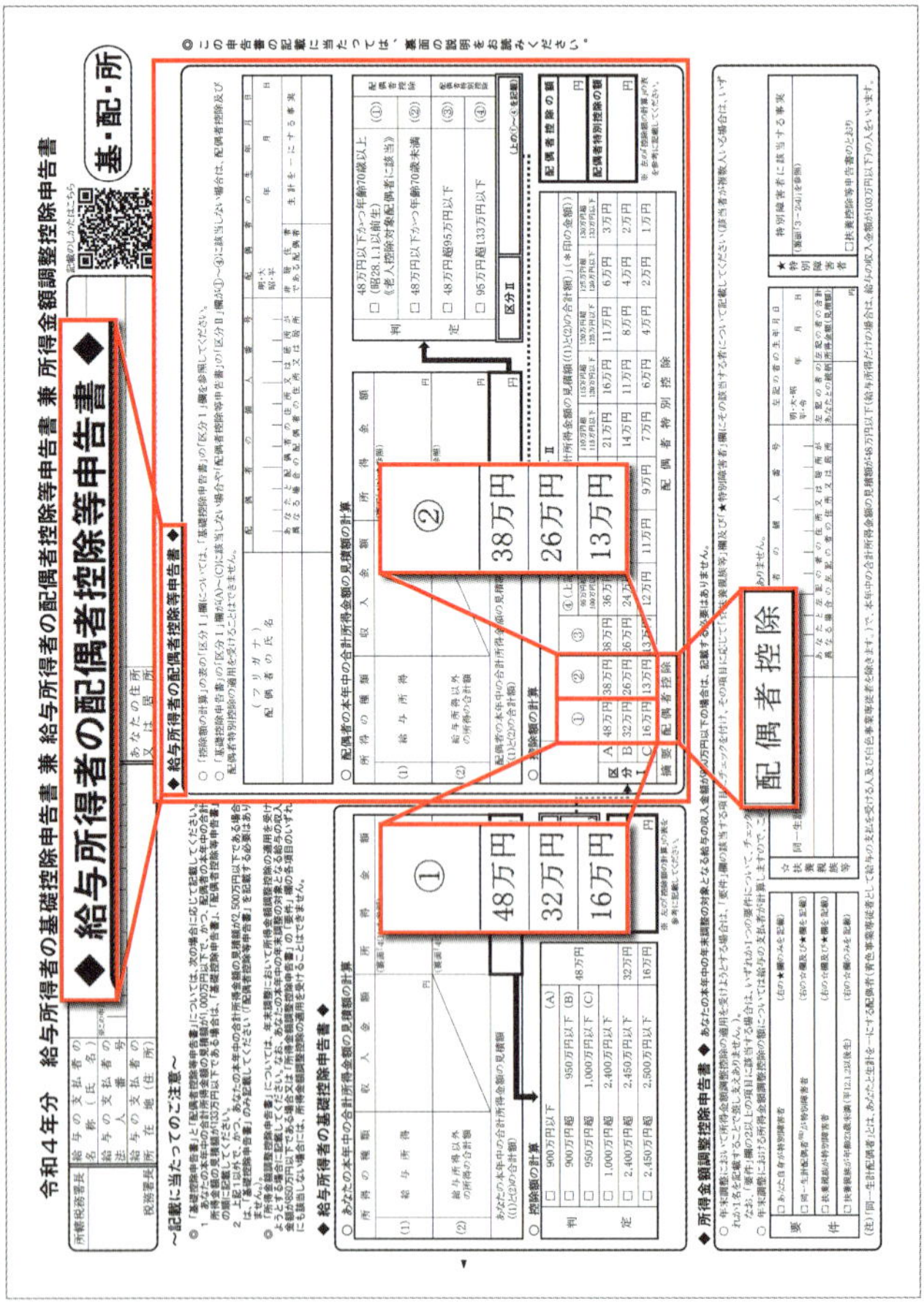
令和４年分　給与所得者の基礎控除申告書 兼 給与所得者の配偶者控除等申告書 兼 所得金額調整控除申告書
基・配・所
◆給与所得者の配偶者控除等申告書◆
①
48万円
32万円
16万円
②
38万円
26万円
13万円
配偶者控除

第3章

配偶者特別控除と「150万円の壁」

この章の内容

3-01

配偶者特別控除は「103万円の壁」解消策として生まれた

最初に配偶者特別控除が導入されたのは、1987年（昭和62年）のことです。目的は「103万円の壁」の解消策としてでした。

この制度は配偶者の給与収入が年間103万円を超えた場合に、いきなり38万円の配偶者控除が受けられなくなってしまう弊害を回避するために導入されたものです。

あなたが給与所得者なら、配偶者の年収が次ページの図の「2018年より」の範囲内に該当すれば、晴れて46ページの「給与所得者の基礎控除申告書　兼　給与所得者の配偶者控除等申告書　兼　所得金額調製控除申告書」で配偶者特別控除が受けられることになります。

これに配偶者の氏名や生年月日、配偶者の給与年収等を記入し、勤務先に提出すれば処理は完了です。あとは年末調整の税金還付を楽しみに待っているだけでいいのです。

この申告書は、たび重なる改正によって様々な要素を詰め込み過ぎた結果、大変長い名称の申告書となっています。

配偶者特別控除の対象年収の変化

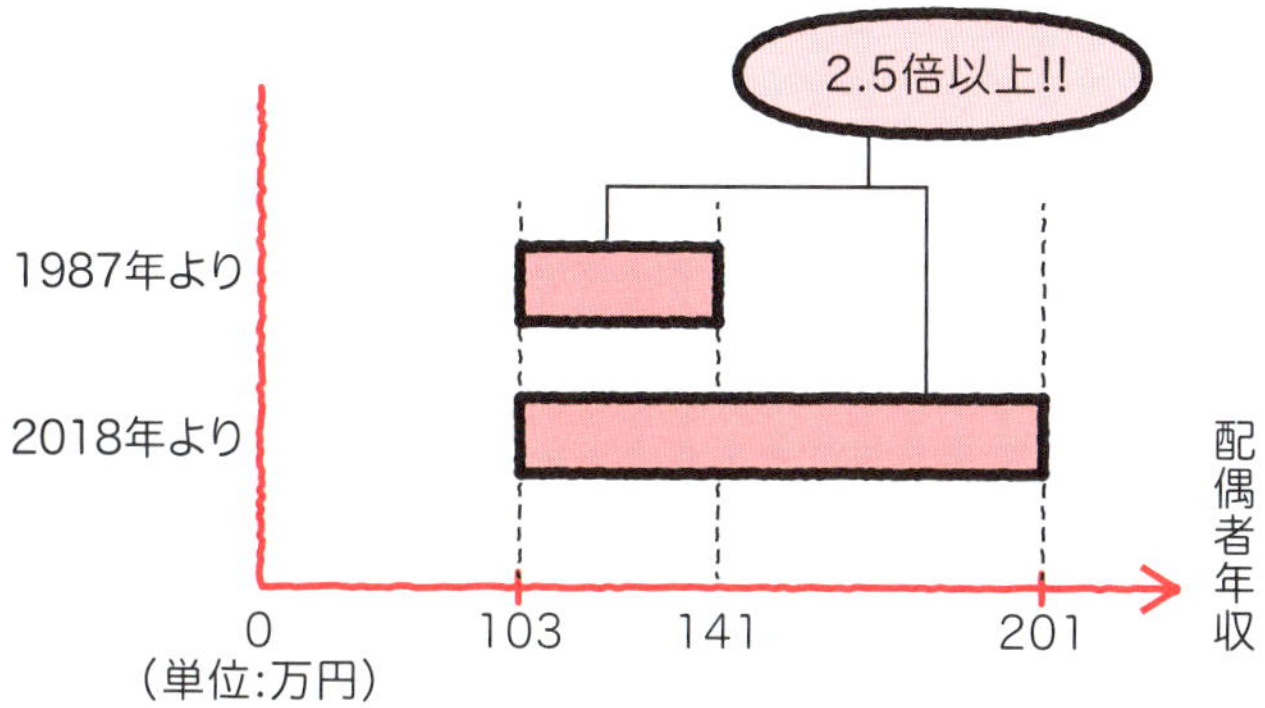

知っ得!

イデコで節税

個人型確定拠出年金の愛称が2016年「イデコ（iDeCo）」に決まり広く知れ渡ったことなどから、加入者が順調に増え続けています。

掛金のうち一定額は勤務先での年末調整で還付を受けられます。たとえば年収600万円のサラリーマンが毎月23000円の掛金を拠出すると、年末調整で55200円の還付金を受けられます。

その他、翌年の住民税も27600円軽減となります。年末調整還付金との合計では82800円の現金が毎年手元に残ることになります。加入を検討してみてはいかがでしょうか。

配偶者特別控除のエリア

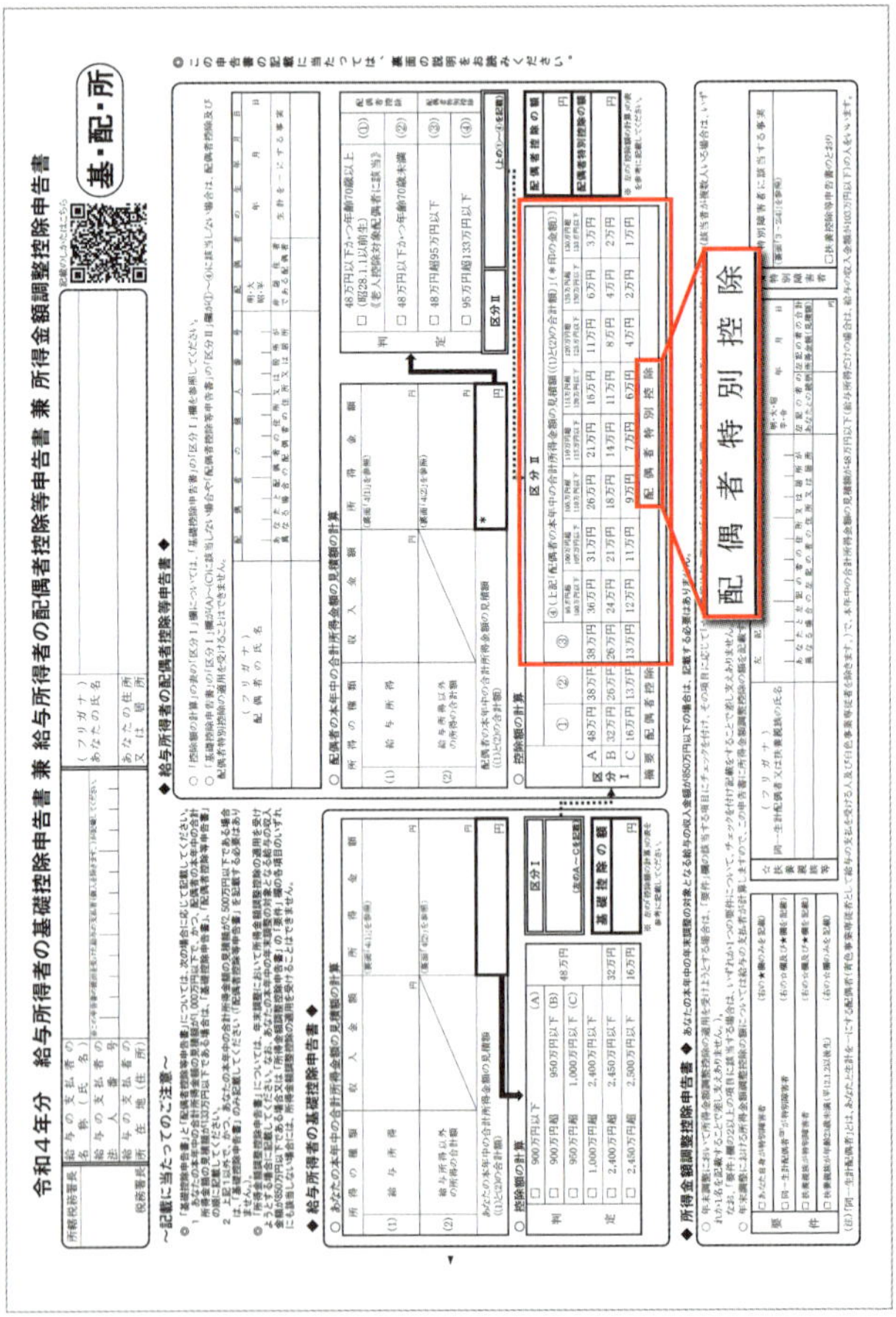

3-02
複雑な配偶者特別控除の控除額

前の節3-01の説明で、2018年からは配偶者特別控除を受けられる方が大幅に増加したことはご理解いただけたと思います。

一方で、デメリットとしては、配偶者特別控除額は大きく3系統に分かれ複雑化してしまいました。さらにその系統ごとに、10段階にも細分化された金額が設定されることになりました。「3系統×10段階＝30区分」と、区分の金額設定が極めて多くなってしまったのです。

この30区分をいきなり説明すると混乱してしまうので、まずは3系統のうち原則的な系統のみを次ページに表示しました。

配偶者特別控除（原則的な系統）

配偶者の合計所得金額	配偶者特別控除額
48万円超	38万円
95万円超	36万円
100万円超	31万円
105万円超	26万円
110万円超	21万円
115万円超	16万円
120万円超	11万円
125万円超	6万円
130万円超	3万円
133万円超	0万円

配偶者 納税者

3-03

配偶者特別控除のイメージを図で見てみよう

前の節 3-02 で配偶者特別控除額の表を見ていただきましたが、数字の羅列だけでは、やはりピンと来ないかも知れません。

そこで配偶者特別控除額の全体像をイメージしやすいよう、次ページのような図にしてみました。この図を元に、説明をしていきます。

細かい金額は気にせずイメージで捉えましょう！

配偶者特別控除額イメージ図

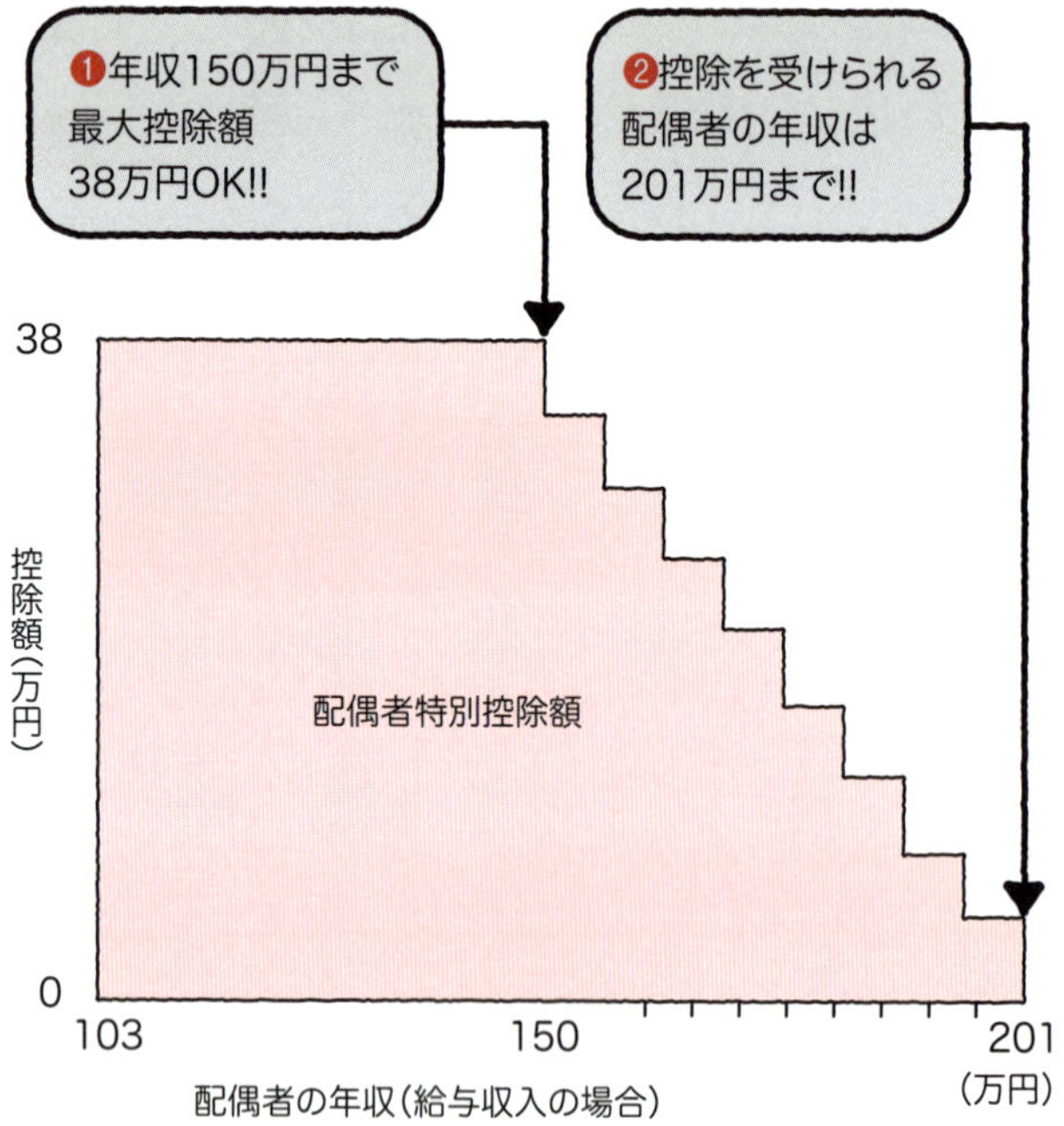

配偶者

納税者

3-04

「年収150万円まで最大控除額38万円ＯＫ!!」の部分

配偶者特別控除で納税者が最も大きなメリットを受けられるのは、前ページの図「❶年収150万円まで最大控除額38万円ＯＫ!!」という部分です。

配偶者の年収が仮に103万円を超えたとしても、150万円に達するまでは「38万円」の控除が受けられるのです。

右図の色のついた部分の上辺がテーブル状になっていますが、この部分がそれを表しています。

つまり、あなたとしては「103万円の壁」を気にすることなく、配偶者の年収が150万円に達するまでは、大船に乗った気持ちで「最大控除額38万円」の恩恵を受け続ければよいのです。

配偶者
納税者

3-05

「控除を受けられる配偶者の年収は201万円まで!!」の部分

配偶者特別控除で納税者が2番目に大きなメリットを受けられるのは、50ページの図のうち、「❷控除を受けられる配偶者の年収は201万円まで!!」という部分です。

配偶者特別控除のいわゆる年収「150万円の壁」を超えると、確かに控除額38万円は徐々に減っていきます。

しかし年収201万円に達するまでは、減額されはするのですが、確実に配偶者特別控除を受けることができるのです。

201万円といえば、月額にすれば167,500円、時給換算で1,046円（167,500円÷40時間÷4週）です。つまり労働時間の短いパートタイマーではなく、正社員でバリバリ週40時間働いたとしても、配偶者特別控除を受けられる可能性があるのです。

共働きで働く夫婦であれば、なんとしても頑張ってこのポイントをマスターし、自世帯の可処分所得増加のため活用したいものですね。

配偶者
納税者

3-06 さらに複雑！例外的な2系統の控除額

前の節3-05までの説明は、配偶者特別控除の「原則的な系統」についてでした。次のステップは、例外的な系統についての説明となります。ここで話がさらに複雑になってしまいますが、我慢してもう少しお付き合いください。

具体的には、3-05までで説明した原則的な系統の区分（次ページの表※❶）の他に、例外的な系統の区分2本（次ページの表※❷）があり、合計3本の系統区分が設定されているのです。

これら「納税者本人の合計所得金額3区分」の系統に応じて「配偶者の所得金額10段階」、合計30通りの「配偶者特別控除額」を、次ページの表を元に確認していきましょう。

この表の縦のラインは「納税者本人の合計所得金額」3系統を表しています。この縦のライン3本のうち、左側のラインは「納税者本人の合計所得金額が900万円以下」の場合に見ていただく、原則的な系統のラインです。

区分別の配偶者特別控除額

配偶者の合計所得金額（給与等の収入金額の場合）	納税者本人の合計所得金額（カッコ書きは給与等の収入金額の場合）		
	900万円以下（1095万円以下）	900万円超950万円以下（1095万円超1145万円以下）	950万円超1000万円以下（1145万円超1195万円以下）
48万円超95万円以下（103万円超150万円以下）	38万円	26万円	13万円
95万円超100万円以下	36万円	24万円	12万円
100万円超105万円以下	★ 31万円	21万円	11万円
105万円超110万円以下	26万円	18万円	9万円
110万円超115万円以下	21万円	14万円	7万円
115万円超120万円以下	16万円	11万円	6万円
120万円超125万円以下	11万円	8万円	4万円
125万円超130万円以下	6万円	4万円	2万円
130万円超133万円以下	3万円	2万円	1万円
133万円超	0円	0円	0円

※❶原則的な系統　※❷例外的な系統

一方、中央のラインは「納税者本人の合計所得金額が900万円超950万円以下」の場合、右側のラインは「納税者本人の合計所得金額が950万円超1000万円以下」の場合に見ていただく例外的な系統のラインです。

配偶者特別控除額を具体的に算出する場合には、まずこれら3系統のうち、納税者本人が該当するラインを「納税者本人の合計所得金額」で確認してください。次に、表の左端の列で「配偶者の合計所得金額」が該当する横のラインを確認してください。これらの縦ラインと横ラインの交わった欄が、納税者本人の受けられる配偶者特別控除の金額となります。

たとえば「納税者本人の合計所得金額」が700万円で「配偶者の合計所得金額」が103万円の場合、表の中で該当する縦ラインと横ラインが交わる欄「31万円（表の★印の箇所）」が納税者本人の受けられる配偶者特別控除額となります。

また、表を見て気付かれた方もいるかもしれませんが、左側縦ライン「納税者本人の合計所得金額900万円以下」の各欄の金額に対して、中央縦ライン「納税者本人の合計所得金額900万円超950万円以下」は3分の2の額、右側縦ライン「納税者本人の合計所得金額950万円超1000万円以下」は3分の1の金額に減っています。

ちなみに、表の右側のラインより外に該当する「納税者本人の合計所得金額が100

０万円を超えた場合」は、配偶者特別控除額が０円、つまり全く控除を受けられなくなってしまいます。

まとめると、納税者本人の合計所得金額が増加するに従って、配偶者特別控除額の方はそれに反比例して「３・２・１・０」と減少していくのです。

配偶者
納税者
3-07
3系統（プラスα）のイメージを図で見てみよう

前の節3-06でご説明した、30区分に細分化された「配偶者特別控除額の表」は、この制度の中で最も理解しにくい部分です。

そこで、少しでも理解しやすいよう、系統ごとのイメージ図を次ページにまとめましたので見てみましょう。なお、図の右側部分は斜め線になっていますが、厳密には細かい階段状になります。ただ、さらに理解しづらくなってしまうので、ここでは便宜的に直線で表しています。

まず、イメージ図のうち最上段の「納税者本人の合計所得金額が９００万円以下」か

納税者本人の合計所得金額別イメージ図

（単位：万円）

納税者本人の合計所得金額
900万円以下

（給与収入1095万円以下）

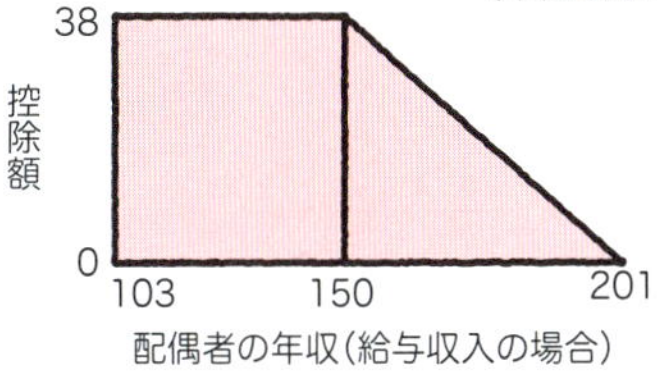

納税者本人の合計所得金額
900万円超950万円以下

（給与収入1095万円超
1145万円以下）

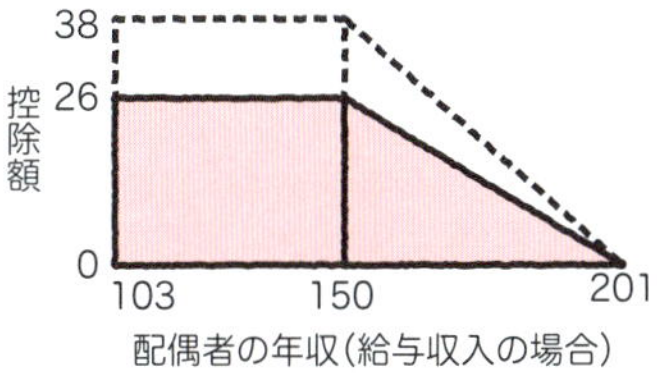

納税者本人の合計所得金額
950万円超1000万円以下

（給与収入1145万円超
1195万円以下）

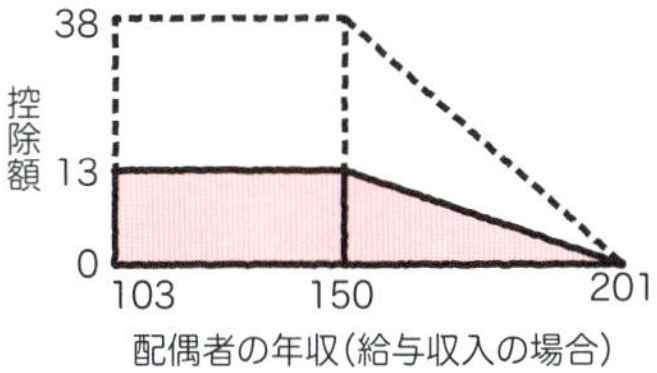

（プラスα）

納税者本人の合計所得金額
1000万円超

（給与収入1195万円超）

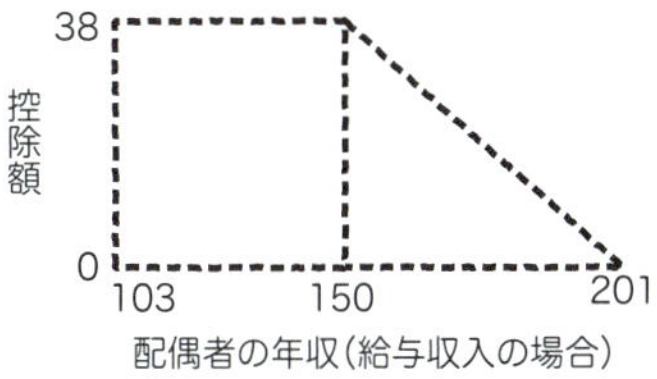

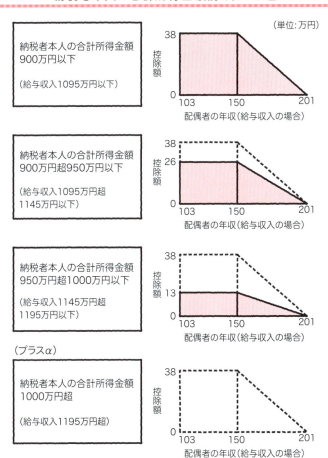

ら行きましょう。このケースでは、配偶者の給与収入が１０３万円以上１５０万円以下であれば、配偶者特別控除の最高額38万円が受けられることがわかります。１５０万円を超えて２０１万円に達するまでは控除額が38万円から徐々に０円へと減少していきます。

２段目の「納税者本人の合計所得金額が９００万円超９５０万円以下」のケースでは、配偶者特別控除の最高額が最上段の図の３分の２の26万円となります。イメージ図の色がついた部分のボリュームを見ても、最上段の３分の２になっているのがわかります。

３段目の「納税者本人の合計所得金額が９５０万円超１０００万円以下」のケースでは、配偶者特別控除の最高額が最上段の図の３分の１の13万円となり、イメージ図の色がついた部分でも同様に、最上段の３分の１となっています。

４段目の「納税者本人の合計所得金額が１０００万円超」のケースでは、イメージ図の通り、配偶者の年収の多寡に関わらず、配偶者特別控除を受けられる余地は全くなくなっています。

いかがでしょうか、だいたいご理解いただけましたでしょうか？

配偶者 納税者

3-08

それでつまり、「150万円の壁」とは？

2018年の所得税法大改正で「150万円の壁」というワードが世間を揺るがしましたが、この「150万円の壁」とは、いったい何を意味しているのでしょうか？

150万円の壁を説明するサンプルとして、前の節 3-07 （57ページ）で使った「納税者本人の合計所得金額別のイメージ図」の最上段「納税者本人の合計所得金額が900万円以下」の部分を見ていきましょう。

この図を見ると、配偶者の年収が103万円を少しくらい超えても、配偶者特別控

「150万円の壁」のイメージ

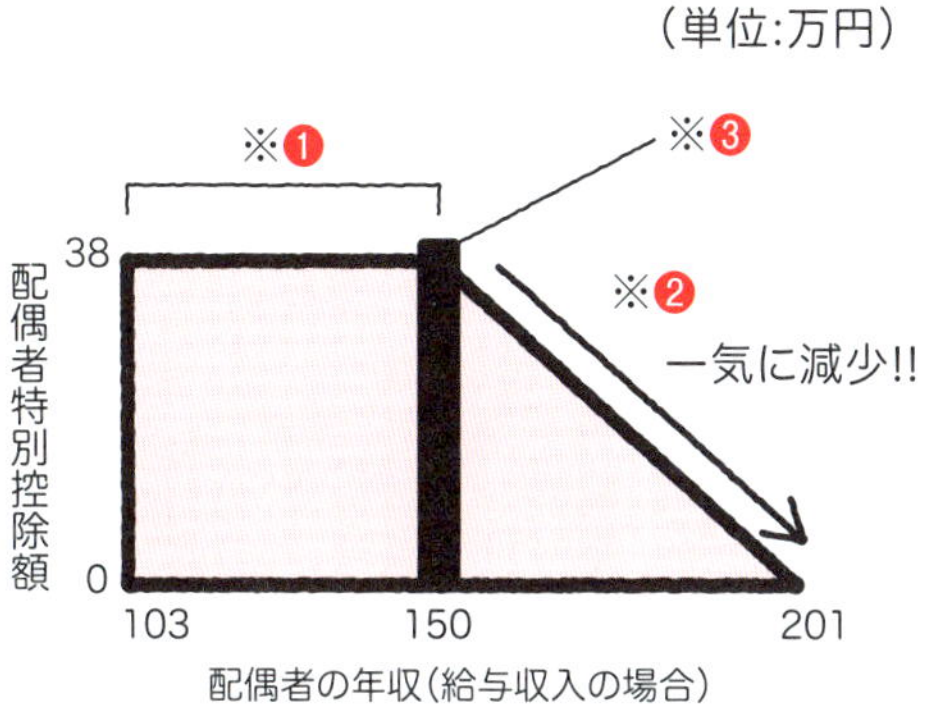

除は満額の38万円ということがわかります。

配偶者の年収が103万円から徐々に増加し、150万円に達するまでの間（図の※❶）でも、配偶者特別控除は38万円のままです。

ところが配偶者の年収が150万円を超えると同時に、配偶者特別控除額が38万円から0円に向かって坂を転げ落ちるかのように一気に減少（図の※❷）し始めます。

つまり、配偶者特別控除額が一気に減少し始める限界収入点「150万円（図の※❸）」のことを、「配偶者控除等150万円の壁」と表現しているのです。

せっかく配偶者特別控除を利用するのであれば、できる限り配偶者の収入は150万円に抑え、配偶者特別控除のメリットを最大限に享受したいものですね。

配偶者
納税者
3-09

150万円の壁は配偶者自身には影響ナシ！

筆者は職業柄、関与先企業へ出向いた際などに、税務会計や人事労務などに関して様々な相談を受けます。最近はそれらの企業のパート社員の方々から、次のような質問をよく受けます。

「103万円の壁が150万円の壁になったので、私達は年間150万円まで働いても税金がかからないのですか?」

「私も主人も両方とも、給料が150万円までは控除が受けられるのですか?」

2018年の税制改正では、配偶者控除等の仕組みがとんでもなく複雑になったため、パート社員の方々がこのような勘違いをされたとしても無理はありません。

つまり、税金上で「150万円の壁」の影響を受けるのは配偶者自身ではなく、その夫(または妻)である納税者本人です。配偶者のパート収入が150万円以下であれば、納税者本人が年末調整で満額の配偶者控除等を受けられるということなのです。

配偶者自身には依然として「103万円の壁」が立ちはだかっています。103万円を超えるパート収入を得れば、相変わらず配偶者自身に所得税が課されることになってしまうのです。

早とちりして103万円を超えるほど張り切って働いてしまい、あとでご主人(または奥様)に叱られないように注意してください。

知っ得!

年金受給額を倍増

受給開始年齢65歳が原則の老齢年金は、65歳より早く受け取ったり遅く受け取ったりすることができます。いわゆる「繰上受給・繰下受給」です。

このうち繰下受給は、65歳より遅く受け取れば受け取るほど、受給額がアップします。

アップ率は以前42%止まりだったのですが、2022年以降は最大限75歳まで繰り下げた場合アップ率が倍増して84%となりました。

たとえば年間受給額が200万円の方の場合は、繰り下げによって年間368万円もの年金を受給できることになります。

ただこの制度を利用する場合、二点ほど注意点があります。一点目は受給開始年齢までの手持資金に余裕があること、二点目はご自分が長寿家系であるなど健康に自信のあることです。

注意点があるとはいえ、84%アップということはほぼ倍額になるので、とても魅力的に映りますね。年金受給手続の時期が迫ってきたような方は一度ご検討を。

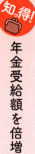

第4章

住民税の壁は「100万円」「155万円」

この章の内容

4-01 まずは住民税の仕組みを整理してみよう

賃金給料やパート収入など、個人の所得に対して課される税金は、所得税だけではありません。

個人の所得に対して課される税金には「所得税（復興特別所得税を含む）」と「住民税」があります。所得税は「国」が国民に対して課する税金です。一方、住民税は「都道府県」が都道府県民に対して課すと同時に「市区町村」が市区町村民に対して課す税金です（次ページの図参照）。

どちらも「所得」に対する税金なのに、国が課す所得税には「所得」という文字が使われ、「都道府県」や「市区町村」が課す税金には「所得」ではなく「住民」という文字が使われていますので、紛らわしく感じると思います。

また、これら2種類の税金は徴収方法も大きく異なります。所得税の方は給与所得者であれば、その月に支給される給料から直接的に源泉徴収、つまり給料天引きされるので理解しやすいでしょう。

所得税と住民税の課税権者の違い

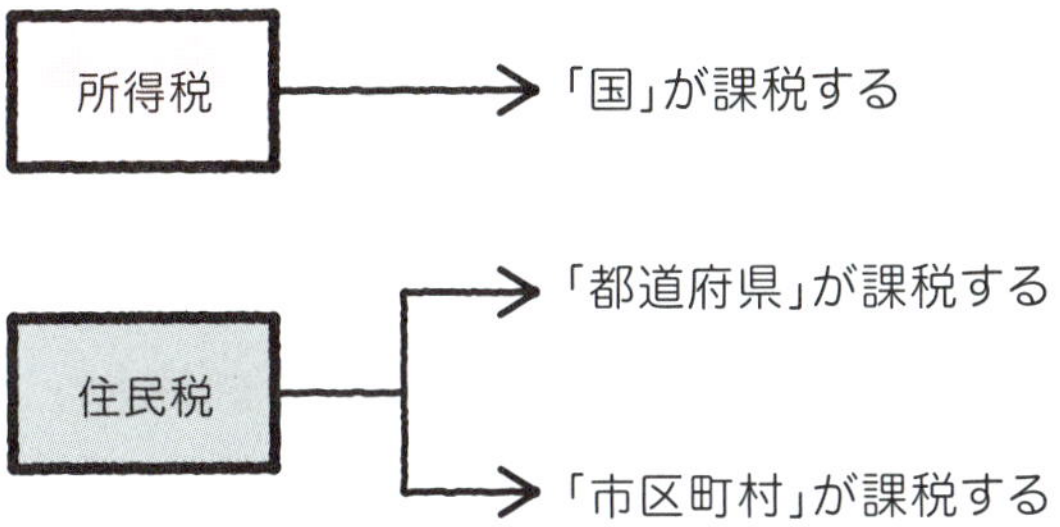

これに対して住民税の方は、これとは全く異なった方法で納付することになります。

その月に支払われる給料に対する住民税は、翌年の6月から翌々年の5月にかけて、ほぼ12等分した金額が毎月源泉徴収されることになります（次ページの図「源泉徴収の時期」参照）。

たとえば「×1年1月」に発生した給料に課される住民税は、最も遅い時期で「×3年5月」に支払われる給料から源泉徴収されることになります。つまり最大で「2年5カ月」ものタイムラグが生じることになるのです。

配偶者控除等で節税メリットを受けられる方についても、同様のタイムラグが生じます。

たとえば２０２４年１月分の給料に関しては、最も遅い時期で２０２６年５月に支払われる給料でようやく住民税が節税となるのです。なんとも気の長い話ですね。

源泉徴収の時期（×1年の税金）

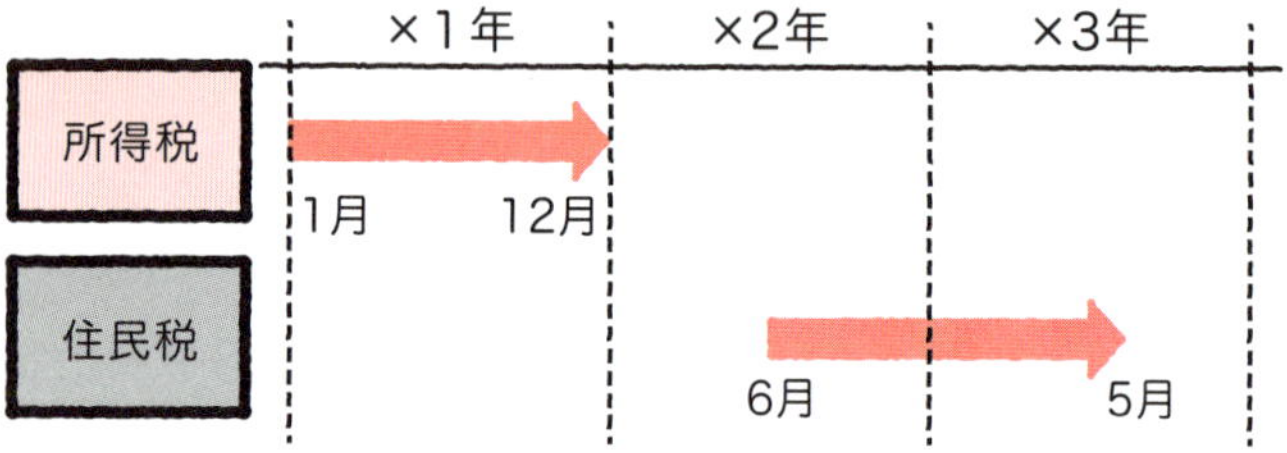

納税者

4-02

実は住民税の方が節税効果大？

配偶者控除等のメリットにおいては、所得税の節税効果ばかりがクローズアップされています。ただ意外と見過ごされがちなのですが、所得税よりも住民税の節税額の方が大きくなるパターンの方が多数いるのです。

その理由は、所得税と住民税の税率構造の違いによるものです。次ページの税率表をご覧ください。所得税率が所得の多寡に応じて「5％～45％」と変動するのに対して、住民税率の方は所得の多寡に関わらず一律「10％」となっています。

ということは「所得税率5％～20％、かつ、住民税率10％」（図内の★印）のパターンに該当する方であれば、所得税減税よりも住民税減税の方が大きくなる可能性があるのです。

所得税と住民税の税率表

所得税		
課税所得金額	税率	控除額
195万円以下	5%	0円
195万円超	10%	97,500円
330万円超	20%	427,500円
695万円超	23%	636,000円
900万円超	33%	1,536,000円
1800万円超	40%	2,796,000円
4000万円超	45%	4,796,000円

住民税	税率
ー	(住民税)課税所得に対して一律10%

所得税率20%でもこのパターンに該当する可能性がある理由は、所得税には「累進課税方式」が適用されているからです。

とりあえずは、上の表右欄の「控除額」があるため、と理解しておいていただければ大丈夫でしょう。

具体的には、課税所得金額がおおよそ400万円以下であれば、住民税減税の方が大きくなる可能性があります。400万円と聞くと、さほど高くない所得だと感じられるかもしれません。

ところがこの金額は「給与所得控除額」と「所得控除額」を控除した後の金額です。給料に換算すると、年間8

課税のイメージ

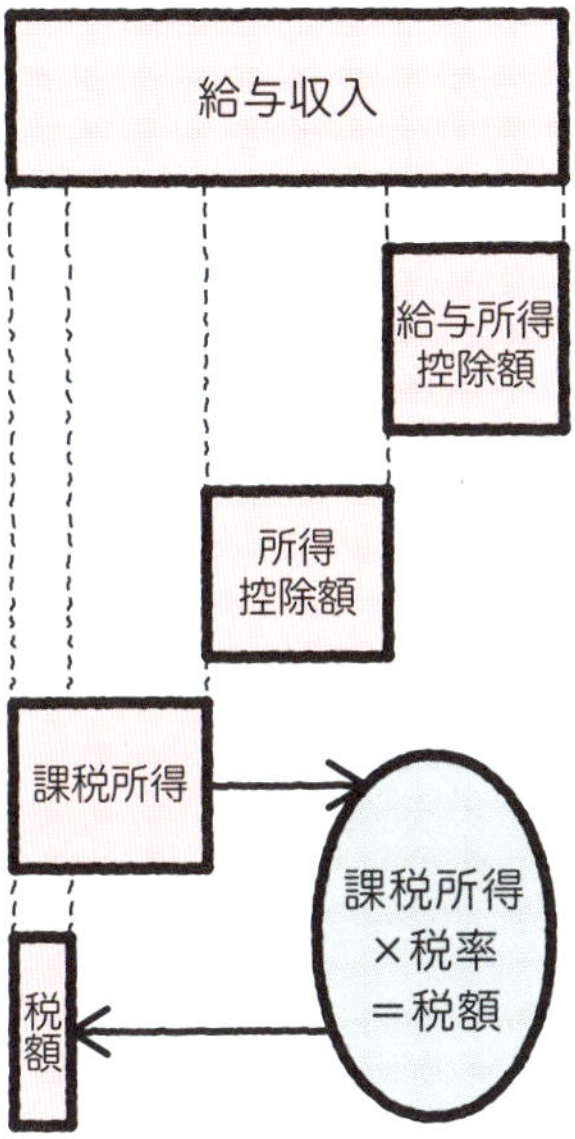

00万円程度の給与収入であってもこのパターンに該当し得ることになるのです。なので、「たかが住民税くらい、どうでもいいさ！」などとバカにはできません。

上の図は、所得税や住民税などが算出される仕組みをイメージしたものです。ここではサンプルとして、給与収入を例としたイメージ図となっています。

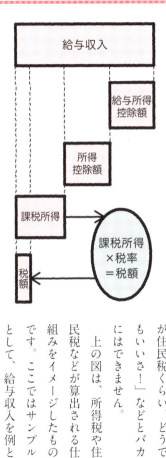

配偶者
納税者
4-03

住民税の配偶者控除額は？

配偶者控除に関しては、住民税は所得税に準じています。違いはそれぞれの控除額がわずかずつ異なることくらいでしょうか。

住民税の配偶者控除額は、配偶者が70歳未満の場合は33万円、70歳以上の場合は38万円です。一方所得税の方は、配偶者が70歳未満の場合は38万円、70歳以上の場合は48万円です（左の上表参照）。

各区分において、住民税の控除額の方が、少しずつ所得税の控除額よりも少なくなっています。微妙に損をした気持ちになってしまいますね。

この住民税の配偶者控除も、所得税の配偶者控除と同様、次ページの図のように、納税者本人の所得が増えるにつれ、段階的に減額されてゆく仕組みとなっています。

配偶者控除額の比較

	住民税	所得税
配偶者が70歳未満	33万円	38万円
配偶者が70歳以上	38万円	48万円

※上記は最高額を表示

住民税の配偶者控除額

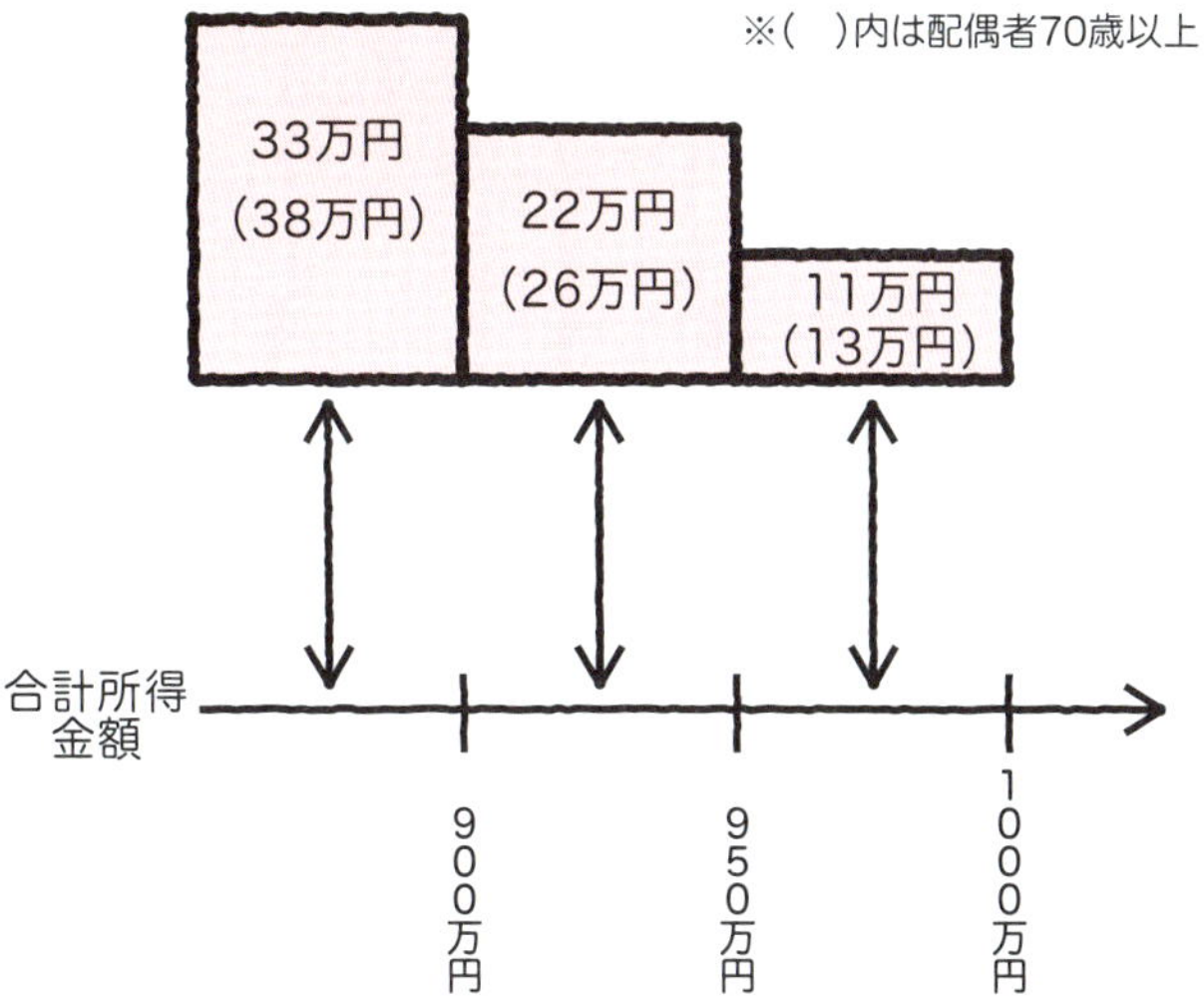

配偶者

納税者

4-04

住民税の配偶者特別控除額は？

配偶者特別控除に関しても、配偶者控除同様、住民税は所得税に準じています。違う点は、上の表の通り、それぞれの控除額が異なることくらいです。ただこの表の金額は、配偶者特別控除における原則的に控除額に過ぎません。

これらの額は、納税者本人の合計所得金額が９００万円以下で、かつ配偶者の合計所得金額が１００万円以下のケースにのみ適用される金額なのです。

納税者本人の合計所得金額には、「９００万円以下」「９００万円超９５０万円以下」「９５０万円超１０００万円以下」の3系統があります。また配偶者の合計所得金額には、「38万円超９０万円以下」から

配偶者特別控除額の比較

	住民税	所得税
控除額（原則）	33万円	38万円

「123万円超」まで9段階があります。

これらの組合せの結果「3系統×9段階＝27区分」と、次ページの表のように、非常に多い控除額区分が発生することになっています。

たとえば納税者本人の合計所得金額が700万円であり、配偶者の合計所得金額が103万円であったとすれば、配偶者特別控除は31万円（次ページの表※❶）となるのです。

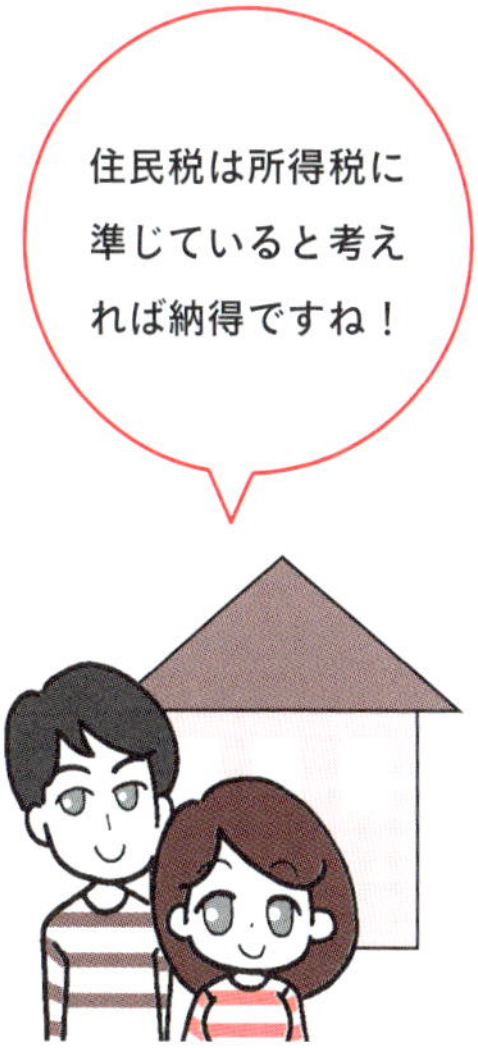
住民税は所得税に準じていると考えれば納得ですね！

配偶者特別控除額（住民税）

配偶者の合計所得金額（給与等の収入金額の場合）	納税者本人の合計所得金額（カッコ書きは給与等の収入金額の場合）		
	900万円以下（1095万円以下）	900万円超950万円以下（1095万円超1145万円以下）	950万円超1000万円以下（1145万円超1195万円以下）
48万円超100万円以下（103万円超155万円以下）※❷	33万円	22万円	11万円
100万円超105万円以下	※❶ 31万円	21万円	11万円
105万円超110万円以下	26万円	18万円	9万円
110万円超115万円以下	21万円	14万円	7万円
115万円超120万円以下	16万円	11万円	6万円
120万円超125万円以下	11万円	8万円	4万円
125万円超130万円以下	6万円	4万円	2万円
130万円超133万円以下	3万円	2万円	1万円
133万円超	0円	0円	0円

※原則的な系統　※例外的な系統

配偶者

納税者

4-05

住民税「配特」は155万円の壁

所得税の配偶者特別控除について、最高額は38万円です。この最高額を受けられる配偶者の給与収入限度額は「150万円」でした。ところが住民税では、配偶者特別控除の最高額を受けられる配偶者の給与収入限度額は「155万円」と増額されています（前ページの表※❷及び上の図※❸）。

この5万円の差が生じた理由は、「所得税の配偶者特別控除の最高額38万円」と「住民税の配偶者特別控除の最高額33万円」との差額を埋め合わせるためだと思われます。

「155万円の壁」のイメージ

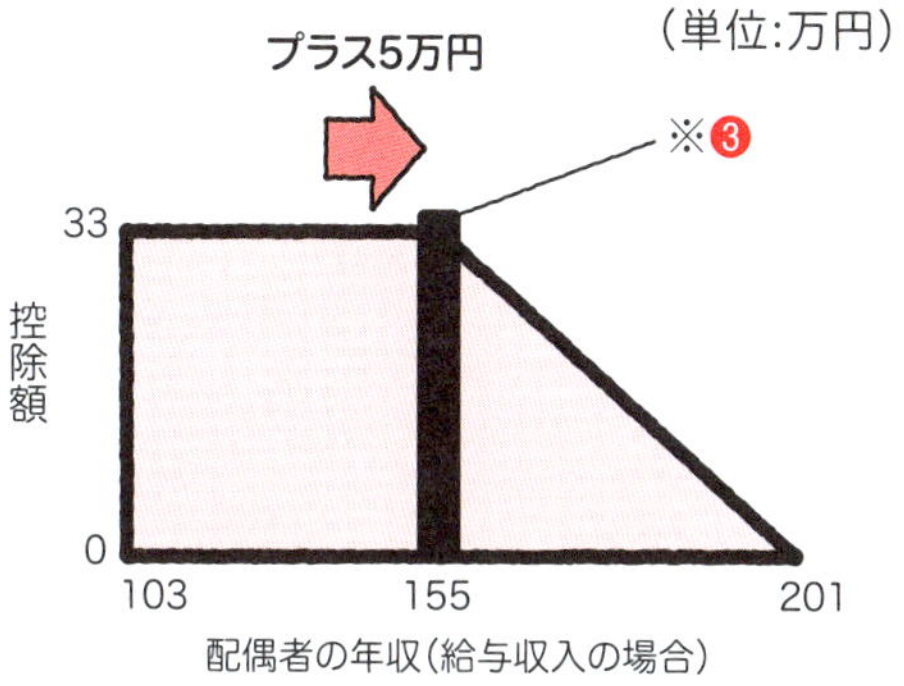

税目別の人的控除額（原則）

	所得税	住民税
配偶者控除額	38万円	33万円
配偶者特別控除額	38万円	33万円
扶養控除額	38万円	33万円
基礎控除額	48万円	43万円

配偶者特別控除に関わらず、配偶者控除や扶養控除などの人的控除額は、所得税と住民税とで各々5万円ずつのズレがあります（上の表参照）。

このズレのおかげで住民税においては、所得税の150万円の壁より、さらに5万円分増額移行して「155万円の壁」となったのです。

配偶者の給与収入がピンポイントで「150万円超155万円以下」のゾーンにはまった方はラッキーです。所得税では受けられなかった最高額の配偶者特別控除を、住民税ではこのゾーンにおいて受けることができるのですから。

配偶者

4-06 住民税のもう一つの壁「100万円」

住民税では、もう一つの壁として「100万円の壁」というものが存在します。大変区切りの良い数字ですね。

これは配偶者控除を利用する側の、納税者本人に関する壁というよりは、配偶者自身の壁となります。配偶者自身が住民税を支払う必要が生じるか否かを判断する基準となるのです。

たとえば所得税であれば、給与から控除することが認められている「給与所得控除額の最低限度額55万円」と「所得税の基礎控除額48万円」を合計した「103万円」以下のパート収入であれば、所得税は課税されませんでした。

であれば住民税の場合は、給与から控除することが認められている「給与所得控除額の最低限度額55万円」と「住民税の基礎控除額43万円」を合計した「98万円」以下のパート収入であれば所得税は課税されない…と本来なるはずです。

ところが不思議なことに、そうはなりません。その理由は、住民税の非課税限度額は

配偶者自身の非課税限度収入額

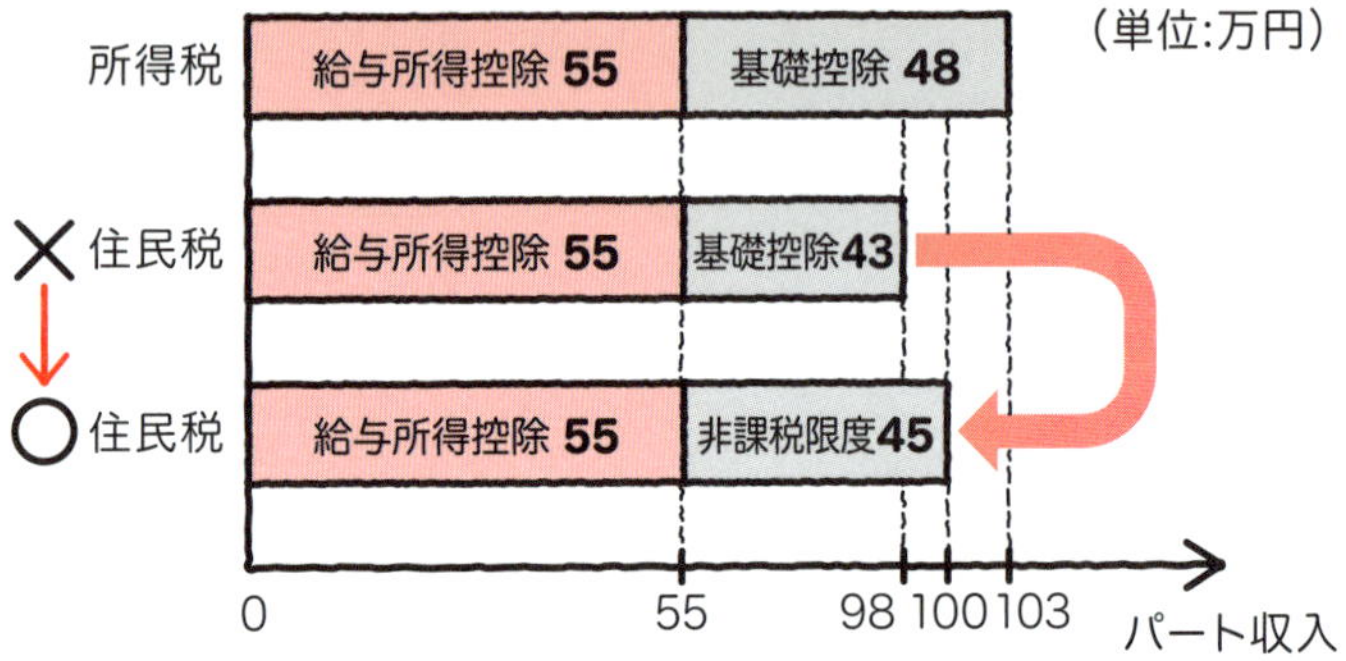

「45万円」と定められているからです。つまり、パート収入から「給与所得控除額の最低限度額55万円」を控除した残額が「45万円」以下でありさえすれば、住民税は非課税になる、ということなのです。

この「給与所得控除額の最低限度額55万円」と「住民税の非課税限度額45万円」をプラスすると「１００万円」となります。つまり、パート収入が１００万円以下であれば住民税は非課税になる、という理屈になるのです。

この部分は「48万円（所得税基礎控除額）」「45万円（住民税非課税限度額）」「43万円（住民税基礎控除額）」と金額の似た三者が入り乱れるので、非常に混乱しやすくなっています。

第5章

社会保険の壁は「130万円」「180万円」「106万円」

この章の内容

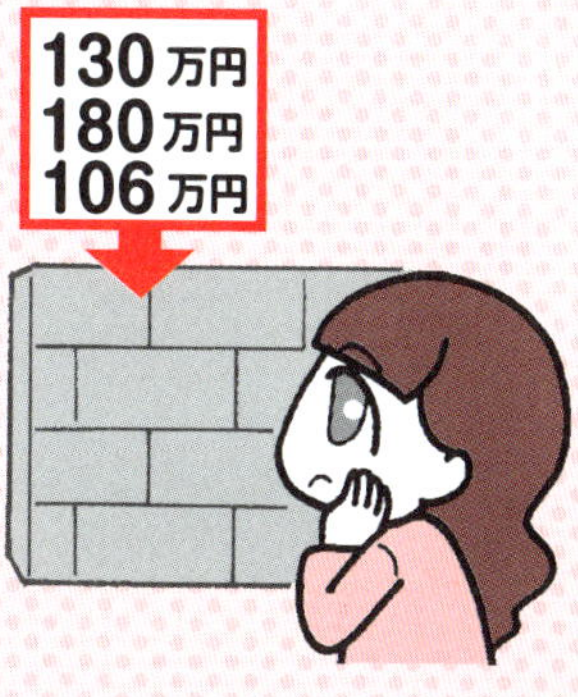

5-01

「社会保険の配偶者認定」とは？

これまで見てきた「税金上の配偶者控除」と並んで重要な、「社会保険の配偶者認定」についてご説明します。

「社会保険の配偶者認定」とは、サラリーマンである夫または妻の配偶者として届け出、被扶養者と認定されることで、配偶者の健康保険や厚生年金の支払いが免除される有利な制度のことをいいます。

社会保険の届出様式である「健康保険被扶養者（異動）届」の上では、被保険者（本人）が扶養する親族（被扶養者）のうち配偶者であるということで、「配偶者である被扶養者欄」に氏名や生年月日等を記入する決まりとなっています。（次ページの※❶参照）

扶養する子や老親等は、届出書では下段の「その他の被扶養者欄」に記入することになります（次ページの※❷参照）。

健康保険被扶養者（異動）届

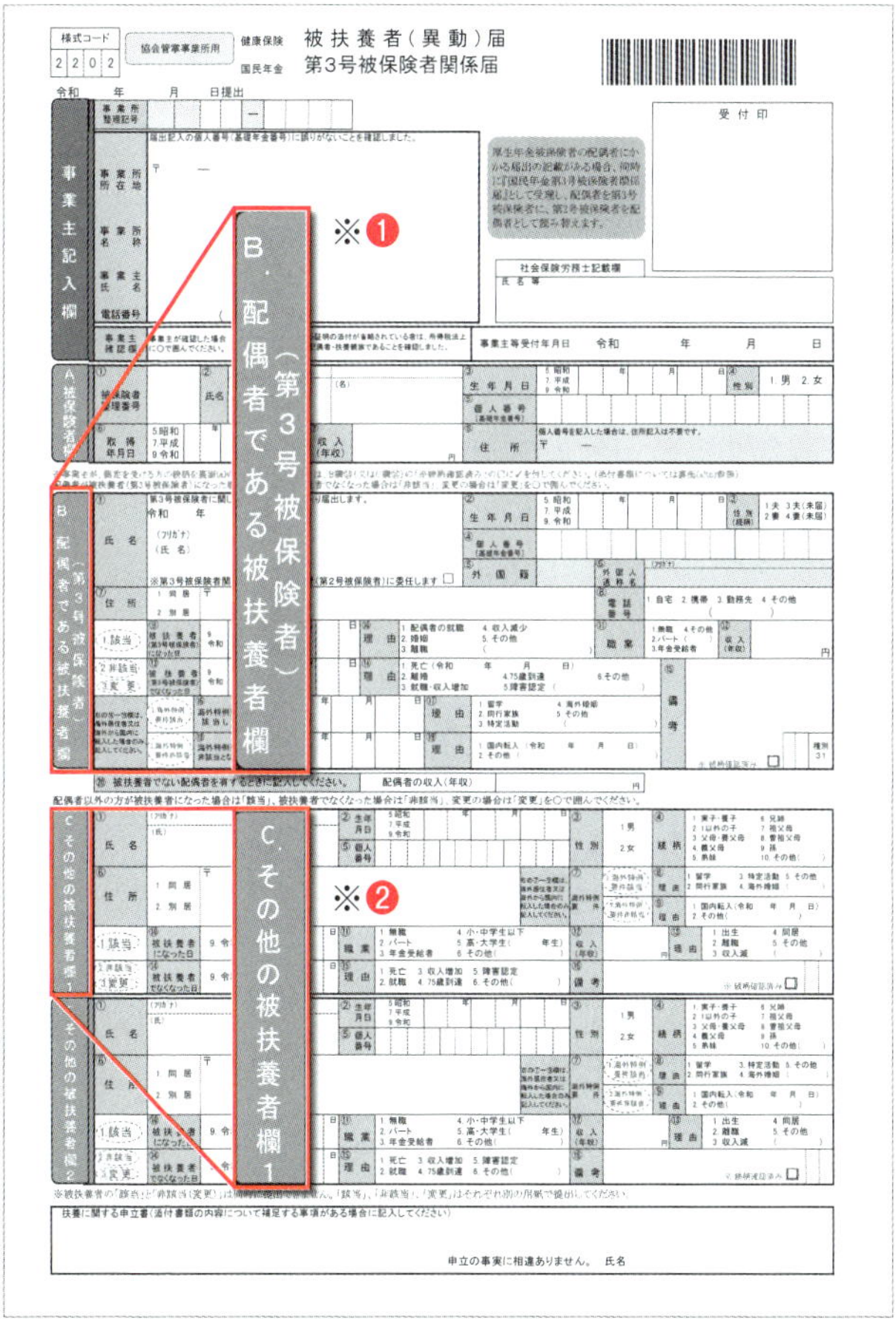

配偶者

納税者

5-02

社会保険の控除は「130万円の壁」が代表格

配偶者が社会保険で被扶養者になるためには、一定の要件を満たした上、所定の届出書を、事業主経由で年金事務所に提出し、審査を通過する必要があります。

一定の要件とは、形態別に3種類、金額別に2種類あるのですが、ここではまず大原則の形態と金額についてご説明します。

〈(形態)配偶者が60歳未満である場合……(金額)年間収入130万円未満〉

年間収入130万円ということは、月額に換算すると108,334円です。この金額未満の収入であれば、被扶養者となるための収入要件を満たしていることになります。

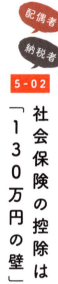

また、これらの年間収入には給与収入だけでなく、公的年金、雇用保険の失業等給付、健康保険の傷病手当金や出産手当金なども含まれます。これらはついうっかり見過ごしがちな収入なので、注意が必要です。

なお所得税の場合、配偶者控除を受けるためには、正式な婚姻関係にあることが要件とされます。一方社会保険の方は、内縁関係であっても被扶養者として認められます。

この点は税法よりも少し基準が緩いので、婚姻届という紙切れに縛られるのが嫌いな方には嬉しい情報でしょう。

配偶者
納税者

5-03 もう一つ、「180万円の壁」もある

社会保険で控除を受けられるかどうか、分岐点を表す表現として、先程の「130万円の壁」はよく耳にされると思います。

しかし社会保険ではもう1種類、別の分岐点があることをご存じでしょうか。それは「180万円の壁」と呼ばれる分岐点です。

ではいったいどのような場合に、差し引き50万円も有利になる「180万円の壁」というものを利用できることになるのでしょうか。

「180万円の壁」を利用できるパターンとしては、次の2種類があります。

❶ 配偶者が60歳以上である場合
❷ 配偶者が障害厚生年金を受けられる程度の障害を有する場合

近年は少子高齢化の影響もあり、❶のように配偶者が60歳以上でも、パート等として働くことは普通のことになりました。仮に70歳までパート勤めをするとなれば、60歳から10年の間、毎年差引50万円（180万円－130万円）多く働いたとしても、社会保険の免除を受けられることになるのです。

なお、通常は心配無用なのですが、原則として配偶者の年収が納税者本人の2分の1以上あるケースでは、認定を受けることができません。これは前の節5-02の場合も同様です。念のため。

配偶者

5-04

被扶養者に認定されなかった場合に支払う保険料は2パターン

パート収入のある配偶者が被扶養者に認定されなかった場合は、何らかの公的保険に加入し、毎月保険料を自己負担する必要があります。

公的保険の種類はいろいろありますが、代表的なものとしては、次の2種類のうちいずれかのパターンの組合せとなります。これらのパターンに応じて、異なる額の保険料の納付義務が発生します。

❶「国民健康保険料＋国民年金保険料」を支払うパターン
❷「健康保険料＋厚生年金保険料」を支払うパターン

このうち❶のパターンに該当するのは、社会保険が適用されない小規模な個人事業所で働く場合や、社会保険が適用されている事業所で働く場合でも、社会保険に加入できなかったケースです。

❷のパターンに該当するのは、社会保険適用事業所で働く場合で社会保険に加入できたケースです。

企業では一般的に、パート社員の社会保険加入を避ける傾向があります。その理由は社会保険加入を認めると、そのパート社員に係る社会保険料の半額を企業が負担する必要が生じるからです。

そのため雇用時に事業主から受け取る「労働条件通知書」などで、最初から年間給与が130万円に達しないような形で労働条件が組まれていたりもするのです。

たとえばあるパート社員の月額パート代が12万円だとします。社会保険料率は概算で30%、企業は半額負担で15%を支払う義務があります。ということは「12万円×（100%＋15%）」で、社会保険料を含めてトータル13・8万円の月額コスト負担を企業側が強いられることになるのです。

年間であればこの12倍、同様のパート社員が10人いればさらにその10倍、人件費コストが跳ね上ってしまいます。

利益追求をミッションとする企業経営者にとって「みなし税金」とも称される社会保険料は、大きな声ではいえませんが、いの一番に削減したいところなのです。

配偶者

5-05

「国保＋国年」のケースで支払う保険料

まず「国保（国民健康保険料）＋国年（国民年金保険料）」を支払うこととなった場合の保険料を見てみましょう。ここでは前提として「配偶者の年齢は45歳、東京都練馬区に居住、勤務先事業所も東京都内、年間給与収入は130万円」と仮定します。

（ア）国民健康保険料……上段表❹より年額109，884円
（イ）国民年金保険料……下段表より年額199，080円
（ウ）合計保険料年額……（ア）＋（イ）＝308，964円

国民健康保険料の算定例

（単位：円）

❶医療分	所得×7.16%+42,100×1人=65,012
❷支援分	所得×2.28%+13,200×1人=20,496
❸介護分	所得×2.43%+16,600×1人=24,376
❹年間保険料	❶+❷+❸=109,884（月額 9,757）

※東京都練馬区の2022年度の料率等による。（最高額102万円）
※所得＝年間収入1,300,000
－給与所得控除550.000－基礎控除430.000

国民年金保険料（※2022年度）

（単位：円）

年間保険料	月額16,590×12カ月=199,080

差引パート収入グラフ

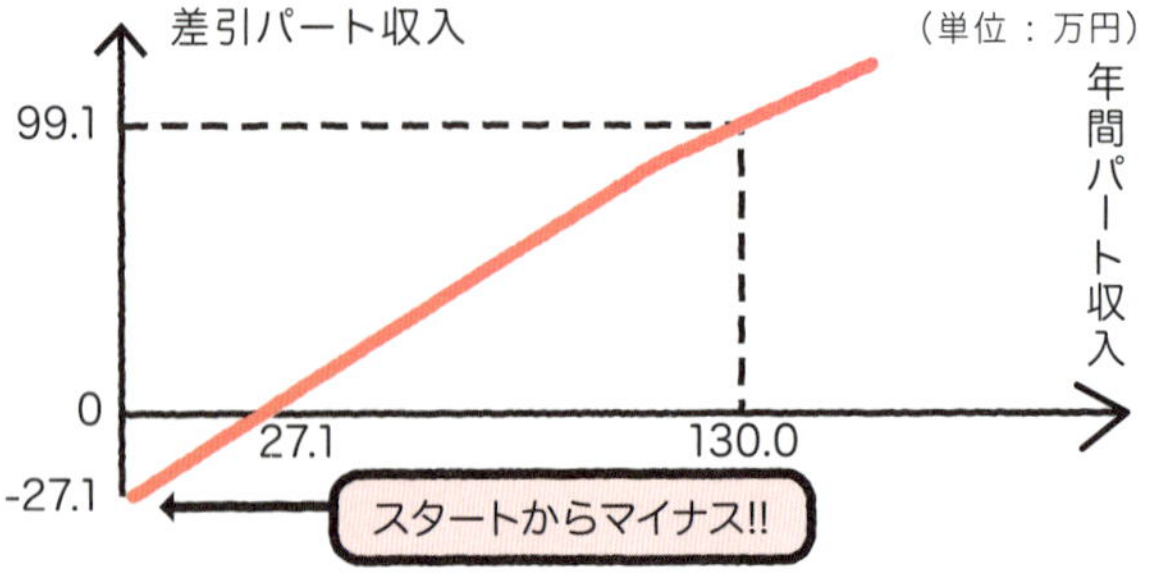

※差引パート収入＝年間パート収入－国民健康保険料－国民年金保険料

このケースでは、年間で約31万円もの保険料負担を強いられることになりました。

仮に社会保険の被扶養者と認められ、その期間が30年間と仮定すれば「31万円×30年＝930万円」の負担がなくなったはずです。

地方都市の中古マンションなら、一件買えるような金額になってしまいますね。

前ページのグラフは、パート収入が増えるに従って、差引収入がどのように推移するかを表したものです。「差引パート収入」とは、ここでは年間パート収入から「国民健康保険料＋国民年金保険料」を控除した金額を示しています。

国民年金保険料などは、仮に収入が0円でも課されるので、年間収入が0円のスタートから差引収入はマイナスとなっています。

なお、このグラフに当てはめている前提としては、納税者本人が無職や収入が極端に少ないケースなどは想定していません。そのような場合は非課税世帯等に該当するので、国民健康保険料や国民年金保険料の減免・免除などが適用される可能性があるからです。

配偶者

5-06

「健保+厚年」のケースで支払う保険料

次に「健保（健康保険料）+厚年（厚生年金保険料）」を支払わなければならなくなった場合の保険料を見てみましょう。

サンプルデータは5-05のケースと同じく、「配偶者の年齢は45歳、東京都練馬区に居住、勤務先事業所も東京都内、年間給与収入は130万円」と設定しておきます。

健康保険料率は、都道府県ごとに異なります。このサンプルデータでは、配偶者の勤務先事業所の所在地を東京都内としていますので、適用料率は92ページに載せている「令和4年3月分（4月納付分）からの健康保険・厚生年金保険の保険料額表（東京都）」を使用することとします。

（エ）健康保険料……130万円×11.45％（92ページの※❶）÷2=74,425円

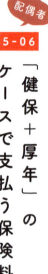

（オ）厚生年金保険料……130万円×18・3％（92ページの※②）÷2＝118，950円

（カ）合計保険料年額……（エ）＋（オ）＝193，375円

このケースでは、年間で約20万円弱もの保険料負担を強いられることになりました。社会保険料の半額は、勤務先事業所が負担してくれることになっています。そのこともあって、5-05の「国民健康保険料＋国民年金保険料＝約30万円」と比較すれば、納付額は3分の2程度といくぶん低く抑えられています。

社会保険料が絶対損だというわけでもないのですね！

健康保険・厚生年金保険の保険料額表

令和4年3月分（4月納付分）からの健康保険・厚生年金保険の保険料額表

・健康保険料率：令和4年3月分～　適用　　・厚生年金保険料

・介護保険料率：令和4年3月分～　適用　　・子ども・子育て拠

18.300%※　※❷

11.45%　※❶

（東京都）

標準報酬 等級	標準報酬 月額	報酬月額 円以上 ～ 円未満	全国健康保険協会管掌健康保険料 介護保険第2号被保険者に該当しない場合 9.81% 全額	折半額	介護保険第2号被保険者に該当する場合 11.45% 全額	折半額	厚生年金保険料（厚生年金基金加入員を除く） 一般、坑内員・船員 18.300%※ 全額	折半額
1	58,000	～ 63,000	5,689.8	2,844.9	6,641.0	[illegible]		
2	68,000	63,000 ～ 73,000	6,670.8	3,335.4	7,786.0	[illegible]		
3	78,000	73,000 ～ [illegible]	[illegible]	[illegible]	[illegible]	[illegible]		
4(1)	88,000	83,000 ～ [illegible]	[illegible]	[illegible]	[illegible]	[illegible]	[illegible]	8,052.00
5(2)	98,000	93,000 ～ [illegible]	[illegible]	[illegible]	[illegible]	[illegible]	[illegible]	8,967.00
6(3)	104,000	101,000 ～ [illegible]	[illegible]	[illegible]	[illegible]	[illegible]	19,032.00	9,516.00
7(4)	110,000	107,000 ～ 114,000	10,791.0	5,395.5	12,595.0	6,297.5	20,130.00	10,065.00
8(5)	118,000	114,000 ～ 122,000	11,575.8	5,787.9	13,511.0	6,755.5	21,594.00	10,797.00
9(6)	126,000	122,000 ～ 130,000	12,360.6	6,180.3	14,427.0	7,213.5	23,058.00	11,529.00
10(7)	134,000	130,000 ～ 138,000	13,145.4	6,572.7	15,343.0	7,671.5	24,522.00	12,261.00
11(8)	142,000	138,000 ～ 146,000	13,930.2	6,965.1	16,259.0	8,129.5	25,986.00	12,993.00
12(9)	150,000	146,000 ～ 155,000	14,715.0	7,357.5	17,175.0	8,587.5	27,450.00	13,725.00
13(10)	160,000	155,000 ～ 165,000	15,696.0	7,848.0	18,320.0	9,160.0	29,280.00	14,640.00
14(11)	170,000	165,000 ～ 175,000	16,677.0	8,338.5	19,465.0	9,732.5	31,110.00	15,555.00
15(12)	180,000	175,000 ～ 185,000	17,658.0	8,829.0	20,610.0	10,305.0	32,940.00	16,470.00
16(13)	190,000	185,000 ～ 195,000	18,639.0	9,319.5	21,755.0	10,877.5	34,770.00	17,385.00
17(14)	200,000	195,000 ～ 210,000	19,620.0	9,810.0	22,900.0	11,450.0	36,600.00	18,300.00
18(15)	220,000	210,000 ～ 230,000	21,582.0	10,791.0	25,190.0	12,595.0	40,260.00	20,130.00
19(16)	240,000	230,000 ～ 250,000	23,544.0	11,772.0	27,480.0	13,740.0	43,920.00	21,960.00
20(17)	260,000	250,000 ～ 270,000	25,506.0	12,753.0	29,770.0	14,885.0	47,580.00	23,790.00
21(18)	280,000	270,000 ～ 290,000	27,468.0	13,734.0	32,060.0	16,030.0	51,240.00	25,620.00
22(19)	300,000	290,000 ～ 310,000	29,430.0	14,715.0	34,350.0	17,175.0	54,900.00	27,450.00
23(20)	320,000	310,000 ～ 330,000	31,392.0	15,696.0	36,640.0	18,320.0	58,560.00	29,280.00
24(21)	340,000	330,000 ～ 350,000	33,354.0	16,677.0	38,930.0	19,465.0	62,220.00	31,110.00
25(22)	360,000	350,000 ～ 370,000	35,316.0	17,658.0	41,220.0	20,610.0	65,880.00	32,940.00
26(23)	380,000	370,000 ～ 395,000	37,278.0	18,639.0	43,510.0	21,755.0	69,540.00	34,770.00
27(24)	410,000	395,000 ～ 425,000	40,221.0	20,110.5	46,945.0	23,472.5	75,030.00	37,515.00
28(25)	440,000	425,000 ～ 455,000	43,164.0	21,582.0	50,380.0	25,190.0	80,520.00	40,260.00
29(26)	470,000	455,000 ～ 485,000	46,107.0	23,053.5	53,815.0	26,907.5	86,010.00	43,005.00
30(27)	500,000	485,000 ～ 515,000	49,050.0	24,525.0	57,250.0	28,625.0	91,500.00	45,750.00
31(28)	530,000	515,000 ～ 545,000	51,993.0	25,996.5	60,685.0	30,342.5	96,990.00	48,495.00
32(29)	560,000	545,000 ～ 575,000	54,936.0	27,468.0	64,120.0	32,060.0	102,480.00	51,240.00
33(30)	590,000	575,000 ～ 605,000	57,879.0	28,939.5	67,555.0	33,777.5	107,970.00	53,985.00
34(31)	620,000	605,000 ～ 635,000	60,822.0	30,411.0	70,990.0	35,495.0	113,460.00	56,730.00
35(32)	650,000	635,000 ～ 665,000	63,765.0	31,882.5	74,425.0	37,212.5	118,950.00	59,475.00
36	680,000	665,000 ～ 695,000	66,708.0	33,354.0	77,860.0	38,930.0		
37	710,000	695,000 ～ 730,000	69,651.0	34,825.5	81,295.0	40,647.5		
38	750,000	730,000 ～ 770,000	73,575.0	36,787.5	85,875.0	42,937.5		
39	790,000	770,000 ～ 810,000	77,499.0	38,749.5	90,455.0	45,227.5		
40	830,000	810,000 ～ 855,000	81,423.0	40,711.5	95,035.0	47,517.5		
41	880,000	855,000 ～ 905,000	86,328.0	43,164.0	100,760.0	50,380.0		
42	930,000	905,000 ～ 955,000	91,233.0	45,616.5	106,485.0	53,242.5		
43	980,000	955,000 ～ 1,005,000	96,138.0	48,069.0	112,210.0	56,105.0		
44	1,030,000	1,005,000 ～ 1,055,000	101,043.0	50,521.5	117,935.0	58,967.5		
45	1,090,000	1,055,000 ～ 1,115,000	106,929.0	53,464.5	124,805.0	62,402.5		
46	1,150,000	1,115,000 ～ 1,175,000	112,815.0	56,407.5	131,675.0	65,837.5		
47	1,210,000	1,175,000 ～ 1,235,000	118,701.0	59,350.5	138,545.0	69,272.5		
48	1,270,000	1,235,000 ～ 1,295,000	124,587.0	62,293.5	145,415.0	72,707.5		
49	1,330,000	1,295,000 ～ 1,355,000	130,473.0	65,236.5	152,285.0	76,142.5		
50	1,390,000	1,355,000 ～	136,359.0	68,179.5	159,155.0	79,577.5		

※厚生年金基金に加入している方の厚生年金保険料率は、基金ごとに定められている免除保険料率（2.4%～5.0%）を控除した率となります。

加入する基金ごとに異なりますので、免除保険料率および厚生年金基金の掛金については、加入する厚生年金基金にお問い合わせください。

◆介護保険第2号被保険者は、40歳から64歳までの方であり、健康保険料率（9.81%）に介護保険料率（1.64%）が加わります。

◆等級欄の（　）内の数字は、厚生年金保険の標準報酬月額等級です。

4(1)等級の「報酬月額」欄は、厚生年金保険の場合「93,000円未満」と読み替えてください。

35(32)等級の「報酬月額」欄は、厚生年金保険の場合「635,000円以上」と読み替えてください。

◆令和4年度における全国健康保険協会の任意継続被保険者について、標準報酬月額の上限は、300,000円です。

○被保険者負担分（表の折半額の欄）に円未満の端数がある場合

①事業主が、給与から被保険者負担分を控除する場合、被保険者負担分の端数が50銭以下の場合は切り捨て、50銭を超える場合は切り上げて1円となります。

②被保険者が、被保険者負担分を事業主へ現金で支払う場合、被保険者負担分の端数が50銭未満の場合は切り捨て、50銭以上の場合は切り上げて1円となります。

（注）①、②にかかわらず、事業主と被保険者間で特約がある場合には、特約に基づき端数処理をすることができます。

○納入告知書の保険料額

納入告知書の保険料額は、被保険者個々の保険料額を合算した金額になります。ただし、合算した金額に円未満の端数がある場合は、その端数を切り捨てた額となります。

○賞与にかかる保険料額

賞与に係る保険料額は、賞与額から1,000円未満の端数を切り捨てた額（標準賞与額）に、保険料率を乗じた額となります。

また、標準賞与額の上限は、健康保険は年間573万円（毎年4月1日から翌年3月31日までの累計額。）となり、厚生年金保険と子ども・子育て拠出金の場合は月間150万円となります。

○子ども・子育て拠出金

事業主の方は、児童手当の支給に要する費用等の一部として、子ども・子育て拠出金を負担いただくことになります。（被保険者の負担はありません。）

この子ども・子育て拠出金の額は、被保険者個々の厚生年金保険の標準報酬月額および標準賞与額に、拠出金率（0.36%）を乗じて得た額の総額となります。

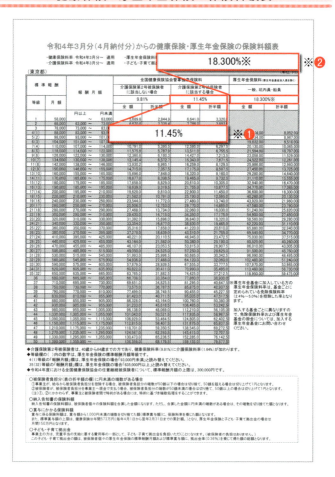

差引パート収入均衡点グラフ

（単位：万円）

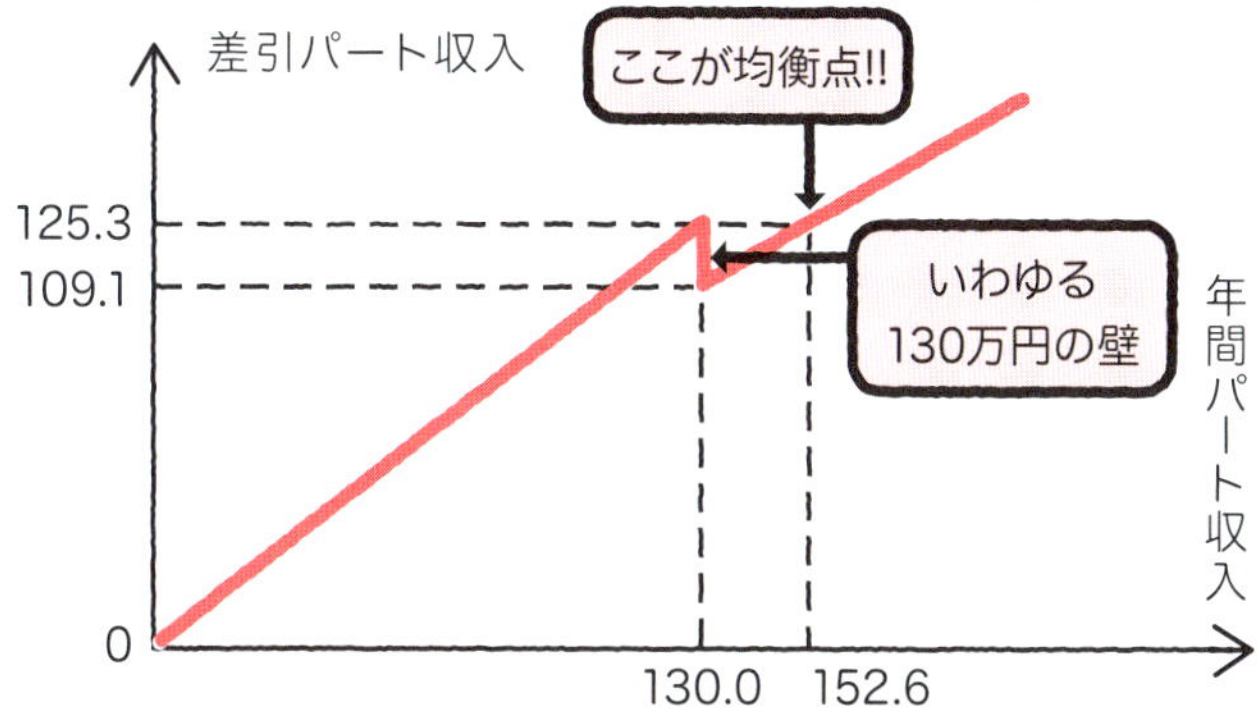

※差引パート収入＝年間収入－社会保険料－税金

上のグラフは「差引パート収入均衡点」を表したものです。

差引パート収入均衡点とは、このグラフでは「130万円の壁」を超えた場合に再度差引パート収入が130万円の時点と等しくなる点を表したものです。

このグラフでは年間パート収入152・6万円を稼がないと、元の130万円時点の差引パート収入125・3万円に達しないことを示しています。

つまり22・6万円多く稼いで、ようやく元の差引パート収入になるということなのです。

ただし注意点として、ここでのシミュレーションは納税者本人の夫側の収入・社会保険料・税金などを度外視し、単独で配偶者側のみの収入・社会保険料・税金などを要素に入れて作成しています。さらに、納税者本人がサラリーマン等の社会保険の第二号被保険者であると限定した場合のシミュレーションとなっています。

ですので、すべての夫婦世帯に前ページのグラフのパート収入均衡点が該当するというわけではありません。このグラフは、とりとあえずのイメージとして捉えていただくのが良いかと思います。

配偶者

5-07

伏兵たる「106万円の壁」にも要注意！

社会保険の被扶養者認定にかかる「130万円の壁」と「180万円の壁」は、従来からあるオーソドックスな壁です。

これらの壁に加えて、2018年10月1日に、新たな壁の建設がなされてしまいました。新たな壁とは「106万円の壁」です。

具体的には、ある一定の前提に該当し、配偶者の年間パート収入が「106万円以上」となった場合には、その配偶者自身が勤務先企業の社会保険に加入する必要が生じるようになりました。従来の130万円基準より24万円も低い年間パート収入でも、強制的に社会保険に加入させられ、給料からの社会保険料の控除が発生することとなったのです。

では年間パート収入が106万円となった場合、いくらの社会保険料が発生することになるのでしょう。

ここでのサンプルデータも、5-05、5-06で使用したものと同じ「配偶者の年齢は45歳、東京都練馬区に居住、勤務先事業所も東京都内とします。この場合の保険料は5-06で説明した「健康保険料（介護保険料含む）＋厚生年金保険料」です。

（ア）健康保険料……106万円×11・45％÷2＝60，685円
（イ）厚生年金保険料……106万円×18・3％÷2＝96，990円
（ウ）合計保険料年額……（ア）＋（イ）＝157，675円

差引パート収入均衡点グラフ

（単位：万円）

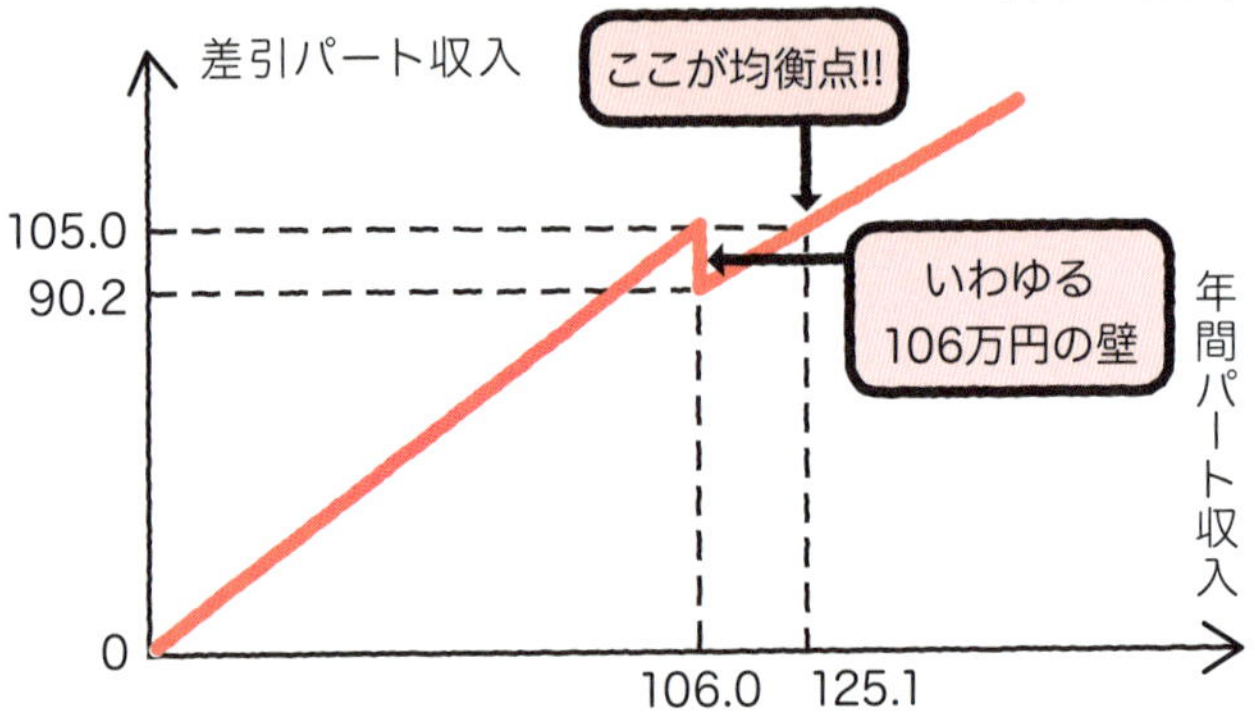

※差引パート収入＝年間収入－社会保険料－税金

このケースでは、年間で約16万円もの保険料負担を強いられることになりました。

少々細かい話になりますが、年間収入が106万円に達するようなパートの場合、雇用保険にも加入する義務が発生することになります。

そうすると雇用保険料率は一般の事業の場合0・5％（2023年度）なので「106万円×0・5％＝5，300円」も追加で保険料負担が発生することになります。ただここでは、少額である雇用保険料は度外視しています。

上のグラフは先程と同じく、「差引パート収入均衡点」を表したものです。

ここでの差引パート収入均衡点とは、社会保険料が発生し始める年間パート収入が106万円以上になった場合に、いったいいくら稼げば差引パート収入が年間パート収入106万円の時点に戻るかを示すものです。

前ページのグラフでは125・1万円を稼がないと、差引パート収入が元の年間パート収入106万円時点に達しないことを示しています。

つまり19・1万円多く稼いで、ようやく元の差引パート収入になるということなのです。

ただこのシミュレーションにおいても、これまでと同様に納税者本人の側の収入や税金などの影響は度外視しています。

ですので前ページのグラフは、あくまで参考程度に考えていただいた方がよろしいかと思います。

配偶者

5-08

106万円の壁が適用除外される条件は？

配偶者の、パート先企業での年間収入が106万円以上となると、かなりの社会保険料負担が発生することはおわかりいただけたかと思います。

では「106万円の壁」「130万円の壁」と、なぜ2種類の異なる壁が存在するのでしょうか。

その理由は、配偶者が一定の基準に該当する場合には「106万円の壁」が、その基準から外れると「130万円の壁」が適用される仕組みになっているからです。

この一定の基準とは、次のようなものです。

❶年収106万円以上（月額88，000円以上）であること
❷1週間当たりの労働時間が20時間以上であること
❸2カ月を超えて働く見込みであること
❹従業員101人以上の企業（特定適用事業所）に勤めていること

❺学生でないこと

これらの基準すべてに該当する者に対して、106万円の壁が適用されることになります。ということは、これらのうち一つでも基準から外れるものがあれば、社会保険料を支払う必要がなくなるのです。

知っ得!

社会保険の適用拡大

2016年9月までは年収130万円未満であれば、社会保険のことを気にする必要はありませんでした。

それが2016年10月からは、501人以上従業員がいる企業において、年収106万円以上の従業員は社会保険加入が必要になりました。これがいわゆる「社会保険の適用拡大」の始まりでした。

2022年10月からはさらに進んで101人以上従業員がいる企業で強制加入、2024年10月からは51人以上の企業で強制加入と猛烈な勢いで拡大されていきます。人員ベースではたった8年間で501人から51人へ、10倍厳しくなったと見ることもできます。

これはまさしく社会保険の「106万円の壁」の適用拡大のことでもあるのです。配偶者がもしこの適用拡大の影響を受けるようになった場合は、就業調整や転職など働き方を見直す必要に迫られるかもしれませんね。

配偶者

5-09

「106万円の壁」とダブルワークの関連性

パートタイマーの方々からよく受ける質問に、「ダブルワークで収入を分散させれば「106万円の壁」を回避できますか?」というものがあります。

この106万円の壁は、特定適用事業所「単独での106万円」が問題となります。

そのため、配偶者が午前中はA企業でパートをし、午後はB企業でパートをした結果、年収の合計額が106万円となったような場合は、社会保険料の納付は必要ありません。

あくまでも特定適用事業所一企業だけでの年収が判断材料となるのです。「106万円の壁」にショックを受けていた配偶者の方々にとっては、これはラッキーな報告ですね。

ただこれは、106万円を超えるか否かといった微妙な収入ラインに属する方々に関する報告です。

いくらダブルワークOKといっても、パート先での収入がそれぞれ100万円を超えて200万円ダブルワークになるようなケースまでもOKといっているわけではありません。

本来社会保険には「130万円の壁」という確固たるベースラインが存在するので、ダブルワーク収入の合計額も130万円を超えてはいけません。

超えてしまった場合は、原則の「130万円の壁」に立ち戻って、社会保険加入の必要性が生じてしまいます。

残念ながら、こちらの方はアンラッキーな報告でしたね。

知っ得!

育休給付金等をゲット

共働き世帯の妻の場合、妊娠・出産で職場を離れるケースもありうるでしょう。その際マネー面で有効活用できるのが、出産手当金と育児休業給付金の二つのアイテムです。

少子化対策から、国はかなり手厚い給付金等を支給しています。たとえば給料25万円の女性が第一子を出産・育休を取得した場合、約1年間でおよそ250万円の給付金等を受給できます。

保育所が見つからず2年間となったような場合は　150万円がプラスとなり合計400万円に膨らみます。

さらに計画出産を実行し、2年終了間際に第二子を出産して同様に2年経過した場合はプラスで400万円です。第一子と併せて800万円もの大金を手にすることができます。

さらにこれらの受給額には税金も社会保険料も一切かかりません。ただし実行の際には入念な計画を。

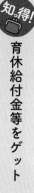

第6章

税金でも保険でもないけど、影響が大きい「配偶者手当」

この章の内容

6-01

税金？ 保険？ そもそも「配偶者手当」って何だろう

ご近所の奥様方同士で、こんな会話が展開されることがあります。

A子さん「うちの旦那の会社の配偶者手当が少なくって頭にくるわ！」
B子さん「それって年末調整のときの配偶者控除のこと？」
C子さん「そうじゃなくって社会保険の被扶養配偶者のことでしょ？」
A子さん「いいえ、私の言っているのは給料明細の手当のことなの！」

この会話のように、配偶者にかかる「配偶者手当」「税金」「社会保険」の関係性は非常に紛らわしく、混乱しがちです。

この種の話をするときは、まずこれら3種類のうち、どれについての話なのか、面倒でも確認しておく方が間違いありません。

前章までで、「税金面での配偶者控除等」「社会保険面での被扶養配偶者認定」の二つ

「配偶者手当」「税金」「社会保険」の関係性

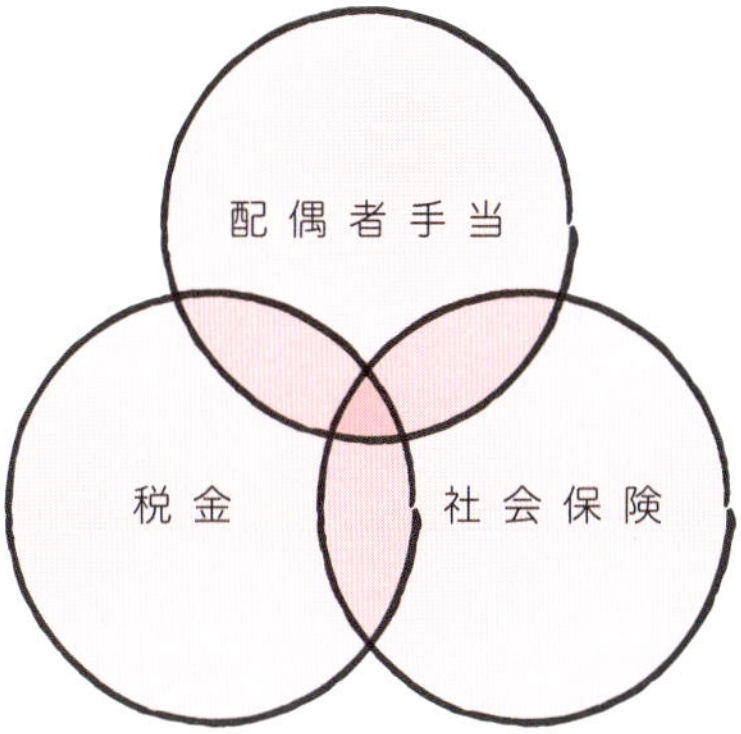

いろいろな組合せで家計に影響が表れてくる

が世帯の可処分所得に大きな影響を及ぼすことを見てきました。

ところがこれらに匹敵する、場合によってはこれら以上に大きな影響を及ぼす可能性のあるのが「配偶者手当」なのです。

この配偶者手当とは、企業が社員に対して支給する給料の一部のことです。

給料明細書を見ると、通常は基本給の次かその次あたりに表示されています。

人事院の令和3年の報告によると、家族手当を支給する企業は74・1%、そのうち配偶者に対して家族手当を支給する企業は74・5%とされています。給料明細の支給額の中ではいわば大関クラスの手当です。

ただし手当の名称としては、配偶者のみならず子供に対する手当をも含むため「家族手当」や「扶養手当」などと表示されるのが一般的です。

そのものズバリ「配偶者手当」として表示されるケースは比較的まれです。

納税者

6-02

配偶者手当の支給根拠は？

配偶者手当は「税金面での配偶者控除等」や「社会保険面での被扶養配偶者認定」のように、法律で定められている制度ではありません。したがって、配偶者がいれば必ず一定額の給与加算が国によって保障される、という性質のものでもありません。

では何を根拠として、基本給に配偶者手当を上乗せしてもらえるのでしょうか。それは企業ごとに独自に作成した「就業規則」や「賃金規定」などが根拠となっているのです。これらの中で条文として掲げられることによって、社員に対し配偶者手当の支払いが保証されることになるのです。

賃金に関する規定は「就業規則」自体に組み込まれていたり、就業規則から抜き出し

就業規則又は賃金規定の例

(給与の種類)

第○○条　社員の給与は基本給及び次に掲げる手当とする。

1　家族手当　2　役職手当　3　職務手当
4　通勤手当　5　時間外手当

(家族手当)

第△△条　家族手当は次の家族を扶養する社員に支給する。この場合の家族とは所得税法上の配偶者控除又は扶養控除の対象者とする。

1　配偶者　月額15,000円
2　18歳未満の子1人につき　月額7,000円

て、別規定である「賃金規定」として整備されていたり、企業により様々です。

いずれにしても配偶者手当に関する規定は、おおよそ上の例のような条文で表現されています。

ただし従業員が10人未満の小規模企業の場合は、就業規則等の作成と労働基準監督署への提出は強制ではありません。そのため、この規模の企業では、就業規則等を作成していないケースが大半です。当然ながら、上の例のような配偶者手当に関する規定や条文もありません。

こうなると「配偶者手当支給の有無」「手当額の多寡」は、残念ながら経営者の腹積もり一つという心もとない状況となってしまいます。

配偶者

納税者

6-03

配偶者手当にも「103万円」と「130万円」の壁がある

配偶者手当を設定している企業であっても、配偶者が高収入を得ているケースにまで手当を支給するようなおおらかな企業は、ほとんどありません。支給カットの基準額は、103万円としているところが最も多く、次に多いのが130万円としているところです。

配偶者手当は税金や社会保険と直接的な関連はないはずですが、配偶者手当に関しても、歴然と「103万円の壁」や「130万円の壁」が存在していることがわかりますね。「配偶者手当版」の2種類の壁です。

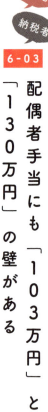

第7章

収入ケース別に見積もる「いくらまで働ける？」

この章の内容

7-01

あなたの世帯が「いくらまで働ける」のか見積もってみよう

さて、前章までで配偶者に関わる「税金・社会保険・配偶者手当」の基本について見てきました。おおよそ理解していただけたのではないでしょうか。

ほとんどの読者の方は、税金や社会保険、企業経営の専門家というわけではないでしょう。ですので、配偶者に関わる「税金・社会保険・配偶者手当」については、おおよその理解で十分です。

ではここからは、配偶者に関わる「税金・社会保険・配偶者手当」のケース別に「150万円の壁」等に対する影響と対策を見ていきましょう。

それぞれのケースで試算を行うための前提として、納税者本人（ここでは夫）の年収は大手求人企

年代別平均年収

（単位：万円）

年代	平均年収		
	全体	男性	女性
20代	341	363	317
30代	437	474	378
40代	502	563	402
50代	613	664	435

（DODAエージェントサービス2021年データより）

業の「ＤＯＤＡ（デューダ）」の年代別平均年収の統計を参考にしました。

平均年収の統計には様々なものがあるのですが、このＤＯＤＡ（デューダ）の統計は、前ページの表のように、年代別にそのものズバリの年収が出ているので大変わかりやすいデータです。

この表の中で夫、つまり男性の平均年収は中央の列となります。

現在日本人の平均年齢は、国連の推計人口ベースによると、４８・６歳（２０２２年データ）です。また、配偶者控除等は夫側が控除を受けるケースが圧倒的に多い現状にあります。なので、ここでは表の中の「男性40代５６３万円」と「男性50代６６４万円」から類推して、区切りの良い金額である「６００万円」を、これ以降の各ケース試算の前提である夫の年収としたいと思います。

ご自分の年収で試算してみたい方は、文中の計算表にその年収を当てはめれば試算結果が出せるようになっています。

その計算が面倒ということであれば、年収が６００万円よりも多い方は各ケースの結果の数字をご自身の収入の程度に応じて増額していただき、少ない方は減額していただければおおよその数字が得られるかと思います。また次ページに、あなたのご家庭がどのモデルケースに当てはまるのかがわかるチャート図も用意していますので、合わせて

「いくらまで働ける？」チャート図

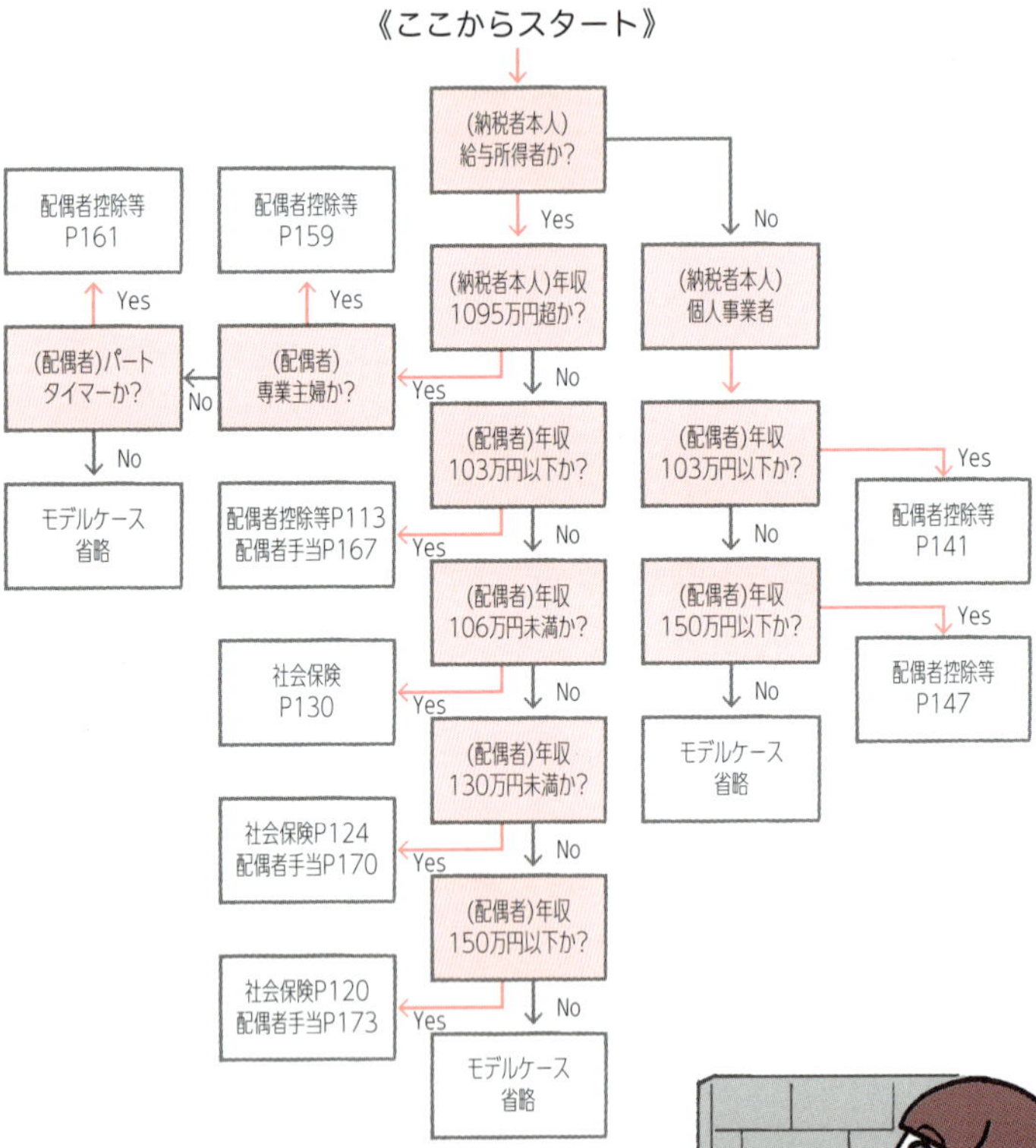

※本誌解説モデルケースの該当ページを表示しています。
※Yes・Noに従った該当ページをご覧ください。
※「年収」は給料・賞与の年間収入です。
※「給与所得者」には会社役員等も含まれます。
※モデルケースは典型的なケースを解説しています。

ご確認ください。

ちなみに「日本人の平均年齢48・6歳」は、喜んでいいのか悲しんでいいのか、人口僅少国を除いては、世界でダントツのナンバーワンです。発展途上国においては、およそ20歳代となっています。

7-02 納税者が給与所得者のパターン

「103万円の壁」に該当するケース（給与所得者）

配偶者特別控除における「150万円の壁」の恩恵を一番多く受けるのは、およそ3000万にも及ぶ夫婦世帯のうち、いわゆる共働き世帯です。またその中心をなすのが、サラリーマンや会社役員などの給与所得者世帯です。

「150万円の壁」を有効利用できることを知って、サラリーマン等の配偶者の方の中には「私がパートを頑張って、年収150万円を稼ごう！」と張り切る方もいらっしゃるでしょう。

ただし、本来「150万円の壁」は配偶者ではなく、納税者本人の問題になります。両者の税金を混同しないように、頭の中を整理しておく必要があります。

また可処分所得は、納税者本人の側単独または配偶者側単独で計算してもあまり意味がありません。なぜなら配偶者側の働き方によって、配偶者側の税金や社会保険料だけでなく、納税者本人の側の税金や社会保険料にも影響を及ぼす場合もあるからです。ですので、可処分所得は「納税者本人＋配偶者」で見ないと不十分です。そのため本書ではモデルケースの設定を「夫＋妻（納税者＋配偶者）」とし、「世帯可処分所得」で見ることとしています。

なお老親や子供に所得がある場合については、比較的少額で、安定的なものとは見られないケースが大半でしょうから、世帯可処分所得の計算においては度外視しています。

ではまず、「103万円の壁」の状況では、夫（納税者本人）と妻（配偶者）の税金や社会保険の負担である「税社コスト」がどの程度になるのかを確かめておきましょう。

【モデルケースⒶ】

❶夫は50歳。都内の一般企業に勤務。年収６００万円。東京都北区在住。
❷妻は45歳。近所のスーパーに勤めるパート社員。パート収入は年額１０３万円。

この都内の一般企業に勤務するサラリーマン世帯【モデルケースⒶ】において、夫と妻の税社コスト合計は１３４・１万円（次ページ表⑪）となりました。

またこの世帯の可処分所得（世帯可処分所得）は５６８・９万円（次ページ表⑫）となりました。


「世帯可処分所得」とは、「夫と妻の給与等の収入合計」から「世帯税社コスト」を控除した差引後の、いわば「その世帯で自由に処分が可能な所得」をいいます。

世帯可処分所得と税社コストには相関関係があります。たとえば税社コストが増えれば世帯可処分所得が減少し、逆に税社コストが減れば世帯可処分所得が増加します。

これを式で表すと、次のようになります。


［世帯収入（夫の収入＋妻の収入）－世帯税社コスト＝世帯可処分所得］

モデルケースⒶ

（単位：万円）

[夫・税社コスト]	
① 所得税	（給与 600 －給与所得控除 164 －④ 90 －配偶者控除 38 －基礎控除 48）×10%−9.75 ＝ 16.25
② 復興特別所得税	① ×2.1% ＝ 0.34
③住民税	（給与 600 －給与所得控除 164 －④ 90 －配偶者控除 33 －基礎控除 43））×10%＝ 27
④社会保険料	給与 600×15%（概算社会保険料率）＝ 90
⑤小計	① ＋ ② ＋③＋④＋⑤＝ 133.59
[妻・税社コスト]	
⑥所得税	（給与 103 －給与所得控除 55 －基礎控除 48）×5%＝ 0
⑦復興特別所得税	⑥ ×2.1% ＝ 0
⑧住民税	（給与 103 －給与所得控除 55 －基礎控除 43）×10%＝ 0.5
⑨社会保険料	0
⑩小計	⑥＋⑦＋⑧＋⑨＝ 0.5
[世帯税社コスト]	
⑪世帯税社コスト	⑤＋⑩＝ 134.1（小数点第 2 位四捨五入・以下同じ）
[世帯可処分所得]	
⑫世帯可処分所得	(夫給与 600 ＋妻給与 103) －⑪＝ 568.9

※住民税の均等割及び調整控除は少額なので度外視しています。（以下同じ）

◉モデルケース表の計算方法

今回のモデルケースでは、夫の年収を600万円と設定し、税社コストや可処分所得を試算しました。ですが本書をお読みの方々の年収は、このモデルケースと同じとは限りませんよね。600万円より高い方もいれば、低い方もいることでしょう。

税金や社会保険料の計算は、一般的になじみが薄く、さらに面倒なので、あえてその面倒な作業を好む人は少ないはずですが、それでも、もし自世帯の税社コストや可処分所得を知りたいと思われる方は、116ページの【モデルケースⒶ】の表に、次の要領で金額を代入して計算することも可能です。

㋐「①、⑥欄」中の給与……自世帯の夫と妻の給与
㋑「①、⑥欄」中の給与所得控除……次ページの表で算定
㋒「①②③、⑥⑦⑧欄」中の税額計算……119ページの表で算定
㋓「④、⑨欄」中の社会保険料……年収×15％（社会保険非該当者は除く）

給与所得控除額

収入金額　A	給与所得控除額
1625 千円以下	550 千円（収入金額限度）
1625 千円超　1800 千円以下	A ×40%－ 100 千円
1800 千円超　3600 千円以下	A ×30%　＋　80 千円
3600 千円超　6600 千円以下	A ×20%　＋　440 千円
6600 千円超　8500 千円以下	A ×10%　＋　1100 千円
8500 千円超	1950 千円（上限）

この中で㋓の社会保険料の内訳は、「健康保険料」「介護保険料」「厚生年金保険料」「雇用保険料」となります。

各保険料の適用料率は毎年のように改定されるのですが、これら4種類の適用料率の合計は約30％、本人負担はおおよそその2分の1の15％です。モデルケース表の計算では、この15％の率を概算社会保険料率として採用しています。

なお、一般的に給与がおよそ900万円を超えるような方は算定が複雑になり、概算社会保険料率15％を適用できなくなってきます。

このような方は、前年の年末調整時に勤務先から受け取った「源泉徴収票」の中の「社会保険料」欄の金額を使用されれば間

所得税額速算表等

〔所得税〕		
課税所得金額	税　率	控除額
195 万円以下	5%	0 円
195 万円超	10%	97,500 円
330 万円超	20%	427,500 円
695 万円超	23%	636,000 円
900 万円超	33%	1,536,000 円
1800 万円超	40%	2,796,000 円
4000 万円超	45%	4,796,000 円

〔復興特別所得税〕	税　率
−	(基準) 所得税額に対して 2.1%

〔住民税〕	税　率
−	(住民税) 課税所得に対して一律 10%

違いないでしょう。

なお、ここまでの計算は簡易な様式で行っていますので、厳密に計算されたい方は、「モデルケースⒶ表・①③⑥⑧のカッコ内」で生命保険料控除や障害者控除などの「その他所得控除額」を差し引いて計算されてください。

その計算の際には、インターネットをご利用の方であれば「国税庁ホームページ」や「お住いの市区町村のホームページ」を開いて該当欄を参考にされると良いでしょう。

◉「150万円の壁」に該当するケース（給与所得者）

では次に、【モデルケースⒷ】として、先程の世帯で妻が150万円の壁ぎりぎりの150万円までスーパーでパートとして働いた場合は、どのような影響が生じるか見てみましょう。

【モデルケースⒷ】

❶夫は50歳。都内の一般企業に勤務。年収600万円。東京都北区在住。

❷妻は45歳。近所のスーパーに勤めるパート社員。パート収入は年額150万円。

パート先のスーパーはこの店舗のみであり、この企業全体の従業員数は50名。

モデルケースⒷ

（単位：万円）

[夫・税社コスト]	
①所得税	（給与 600 －給与所得控除 164 －④ 90 －配特控除 38 －基礎控除 48）×10%−9.75 ＝ 16.25
②復興特別所得税	① ×2.1% ＝ 0.34
③住民税	（給与 600 －給与所得控除 164 －④ 90 －配特控除 33 －基礎控除 43)）×10%＝ 27
④社会保険料	給与 600×15%（概算社会保険料率）＝ 90
⑤小計	①＋②＋③＋④＋⑤＝ 133.59
[妻・税社コスト]	
⑥所得税	（給与 150 －給与所得控除 55 －⑨ 22.5 －基礎控除 48）×5% ＝ 1.23
⑦復興特別所得税	⑥ ×2.1% ＝ 0.03
⑧住民税	（給与 150 －給与所得控除 55 －⑨ 22.5 －基礎控除 43）×10% ＝ 2.95
⑨社会保険料	給与 150×15%（概算社会保険料率）＝ 22.5
⑩小計	⑥＋⑦＋⑧＋⑨＝ 26.71
[世帯税社コスト]	
⑪世帯税社コスト	⑤＋⑩＝ 160.3
[世帯可処分所得]	
⑫世帯可処分所得	(夫給与 600 ＋妻給与 150) － 160.3 ＝ 589.7

Ⓐ Ⓑ世帯可処分所得・妻の給与相関グラフ

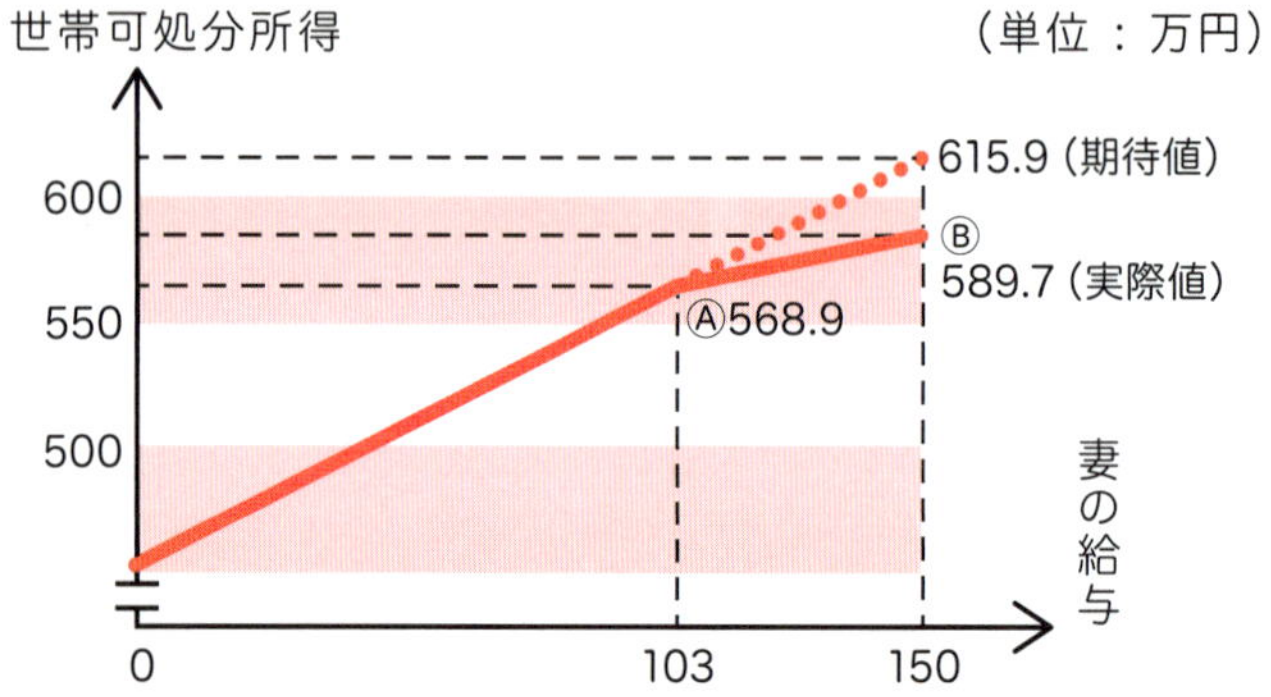

【モデルケースⒷ】での世帯税社コストは160・3万円（前表⑪）、世帯可処分所得は589・7万円（前表⑫）となりました。

ここで不思議な現象が発生しています。【モデルケースⒷ】での妻の給与は150万円であり、【モデルケースⒶ】（116ページ）の103万円より差引47万円、頑張って多く働いた分増加しました。しかし【モデルケースⒷ】の世帯可処分所得は589・7万円であり、【モデルケースⒶ】の世帯可処分所得568・9万円と比較して、差引20・8万円しか増加していません。

【モデルケースⒶ】の世帯可処分所得568・9万円から47万円分多く働いたのな

ら、合計額である615・9万円の可処分所得を期待したいところです。

この期待値615・9万円よりも、残念なことに26・2万円も少ない589・7万円が実際の可処分所得となってしまったのです。

実際値が期待値よりも減少したということは、妻の給与が103万円から150万円に増加する途中で「150万円の壁」とは別の種類の「壁」が存在しているということを表しています。

すなわち夫（納税者）が給与所得者である場合は、「150万円の壁」を検討する前に別の種類の「壁」を意識する必要があるのです。

別の種類の「壁」に当てはまるものはいくつかありますが、代表的なのは「社会保険の壁」です。

次からその「社会保険の壁」について見ていきましょう。

◉「130万円の壁」に該当するケース（給与所得者）

夫がサラリーマンである場合、妻のパート収入が少ないうちは社会保険制度上、妻は夫の被扶養者となるので、自分で社会保険料を納める必要はありません。

ところが妻のパート収入が徐々に増加し、130万円以上になると夫の被扶養者から外れてしまいます。これがいわゆる「130万円の壁」です。

では、妻のパート収入等が130万円以上か130万円未満かで、いったいどれほどの影響が出るのでしょうか。検証してみましょう。

まず、ここまでと同じモデルケースで、妻のパート収入がぎりぎり130万円未満である129・9万円であると仮定して、税社コスト等を算定してみます。

【モデルケースⓒ】

❶夫は50歳。都内の一般企業に勤務。年収600万円。東京都北区在住。

❷妻は45歳。近所のスーパーに勤めるパート社員。収入は年額129・9万円。
パート先のスーパーはこの店舗のみであり、この企業全体の従業員数は30名。

モデルケースⓒ

（単位：万円）

[夫・税社コスト]	
①所得税	（給与 600 －給与所得控除 164 －④ 90 －配特控除 38 －基礎控除 48）×10%−9.75 ＝ 16.25
②復興特別所得税	① ×2.1% ＝ 0.34
③住民税	（給与 600 －給与所得控除 164 －④ 90 －配特控除 33 －基礎控除 43））×10%＝ 27
④社会保険料	給与 600×15%（概算社会保険料率）＝ 90
⑤小計	①＋②＋③＋④＋⑤＝ 133.59
[妻・税社コスト]	
⑥所得税	（給与 129.9 －給与所得控除 55 －基礎控除 48）×5%＝ 1.35
⑦復興特別所得税	⑥ ×2.1% ＝ 0.03
⑧住民税	（給与 129.9 －給与所得控除 55 －基礎控除 43）×10%＝ 3.19
⑨社会保険料	0
⑩小計	⑥＋⑦＋⑧＋⑨＝ 4.57
[世帯税社コスト]	
⑪世帯税社コスト	⑤＋⑩＝ 138.2（小数点以下 2 位四捨五入）
[世帯可処分所得]	
⑫世帯可処分所得	(夫給与 600 ＋妻給与 129.9) − 138.2 ＝ 591.7

次に、妻のパート収入が130万円の壁を超えてしまったケースを見てみましょう。
妻のパート収入は年額で130万円と仮定します。

【モデルケースⓓ】

❶夫は50歳。都内の一般企業に勤務。年収600万円。東京都北区在住。
❷妻は45歳。近所のスーパーに勤めるパート社員。パート収入は年額130万円。
パート先のスーパーはこの店舗のみであり、この企業全体の従業員数は30名。

月給にしたら
108,333円が
ボーダーラインっ
てことなのね！
130万円

モデルケースⒹ

（単位：万円）

[夫・税社コスト]	
①所得税	（給与 600 －給与所得控除 164 －④ 90 －配特控除 38 －基礎控除 48）×10%−9.75 ＝ 16.25
②復興特別所得税	① ×2.1% ＝ 0.34
③住民税	（給与 600 －給与所得控除 164 －④ 90 －配特控除 33 －基礎控除 43））×10%＝ 27
④社会保険料	給与 600×15%（概算社会保険料率）＝ 90
⑤小計	①＋②＋③＋④＋⑤＝ 133.59
[妻・税社コスト]	
⑥所得税	（給与 130 －給与所得控除 55 －⑨ 19.5 －基礎控除 48）×5%＝ 0.38
⑦復興特別所得税	⑥ ×2.1% ＝ 0.01
⑧住民税	（給与 130 －給与所得控除 55 －⑨ 19.5 －基礎控除 43）×10%＝ 1.25
⑨社会保険料	給与 130×15%（概算社会保険料率）＝ 19.5
⑩小計	⑥＋⑦＋⑧＋⑨＝ 21.14
[世帯税社コスト]	
⑪世帯税社コスト	⑤＋⑩＝ 154.7（小数点 2 位以下四捨五入）
[世帯可処分所得]	
⑫世帯可処分所得	(夫給与 600 ＋妻給与 130) － 154.7 ＝ 575.3

【モデルケースⓒ】と【モデルケースⓓ】との世帯税社コストを比較してみると、前者が138・2万円なのに対して後者は154・7万円と16・5万円も跳ね上ってしまいました。妻の給与が千円増えただけなのに、です。

一方、世帯可処分所得は【モデルケースⓒ】が591・7万円、【モデルケースⓓ】が575・3万円となっています。

これらの計算結果からは、妻の給与が「130万円の壁」を超えると、世帯可処分所得が591・7万円から575・3万円へと、逆に大幅に減少してしまうことがわかりました。減少した原因は妻自身が社会保険に加入する必要が生じ、社会保険料を負担する立場となってしまったためです。

これがいわゆる、共働き世帯を震え上がらせる社会保険料の「130万円の壁」（次ページのグラフ参照）です。

このグラフを見ていただくと、妻の給与が129・9万円のときの世帯可処分所得は591・7万円です。

130万円の壁を超えてしまうと、世帯可処分所得は減少してしまいます。再び591・7万円の世帯可処分所得に戻そうとすると、妻は16％ほど年間労働時間を増やさざ

ⒸⒹ世帯可処分所得・妻の給与相関グラフ

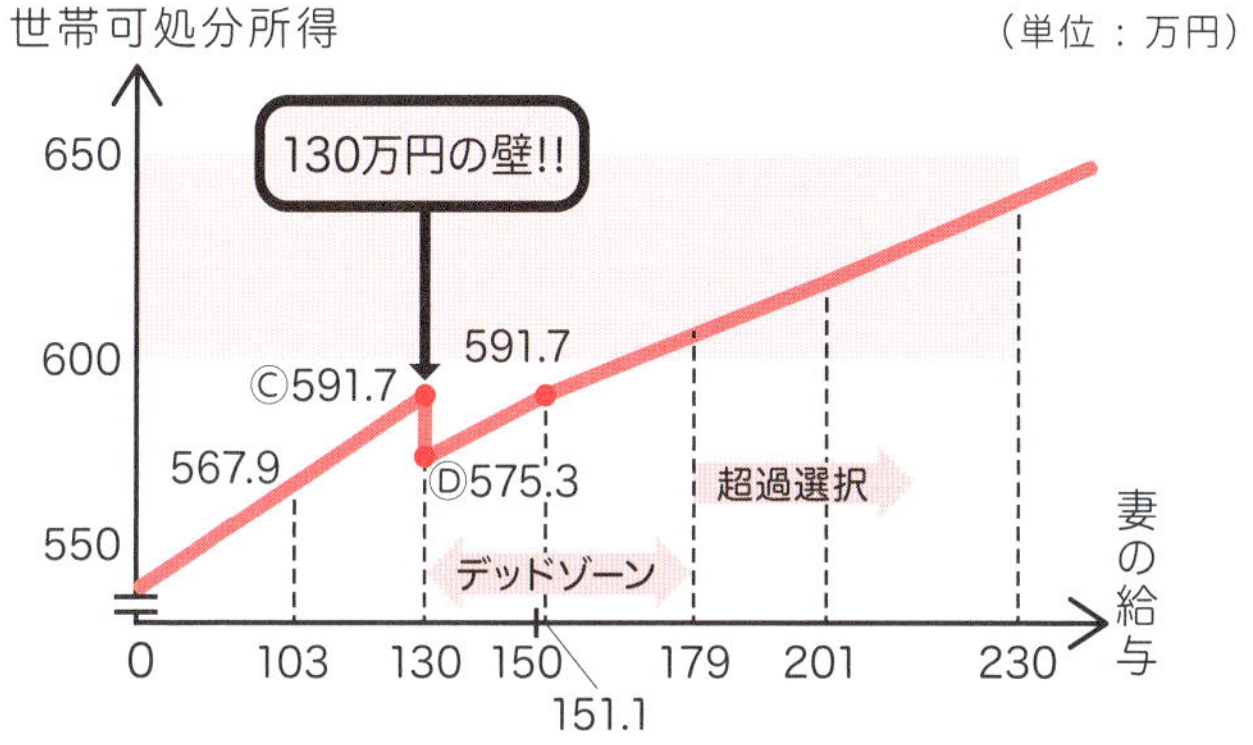

るを得ません。
　つまり妻が年間１５１・１万円の給与を得ることで、ようやく１３０万円レベルの世帯可処分所得に戻すことができるのです。
　この点についてもう少し突っ込んで検証してみましょう。
　妻が年間１５１・１万円の給与を得れば、確かに１３０万円レベルの世帯可処分所得に戻すことができます。ただ妻の時給を１０００円と仮定すると、２１１時間（（１５１・１万円―１３０万円）÷１０００円）もタダ働きをすることになります。１日当たり５時間労働とすると４２・２日（２１１時間÷５時間）、およそ１カ月半のタダ働きです。

それならいっそのこと、先程の151・1時間を超えて働けば、タダ働きではない状態に達するのでは、とも考えられます。

確かにその通りです。しかし、まさか時給換算100円や200円で働くわけにはいかないでしょう。それぞれの人の考え方にもよりますが、許容範囲として、実質的な時給換算で本来の時給の半額（50％）は得たいところです。時給1000円のパート労働であれば、その半額の500円ということになります。

とすると、妻はいくら以上稼げば、許容範囲である半額の実質的時給を得られるのでしょうか。つまり、妻の給与がいくらを超えれば（超過）、損をせず働くことを選ぶ（選択）ことができるのでしょうか。すなわち「超過選択」の判断です。

計算過程は複雑になるので省略させていただきますが、この場合妻は、およそ179万円以上稼ぐのであれば時給換算500円以上を得られることになります。つまり「超過選択ライン」は179万円ということになります。

「106万円の壁」に該当するケース（給与所得者）

以前は、社会保険の影響を検討する場合は「130万円の壁」を考慮するだけで十分でした。しかし現在では、もう一つの壁も考慮する必要があります。もう一つの壁とは

「106万円の壁」です。

106万円というと年間で見れば大きな金額ですが、月額に直すと85，833円です。仮に、時給1000円で1日8時間労働のパートタイマーがいたとすると、「85，833円÷1000円÷8時間÷4週＝約2・6日」となります。つまり、106万円の壁の内側に抑えようとすると、週2・6日しか働けないことになってしまいます。

ただし、2024年9月までは106万円の壁の適用を受けるパートタイマーは、従業員数101人以上の企業で働く方々に限られます。幸いそれ以下の企業で働くパートタイマーは、当面106万円の壁を心配する必要はありません（99ページ「知っ得！」参照）。

では妻のパート収入等が106万円以上であるか否かで、いったいどれほどの影響が出るのでしょうか。検証してみましょう。

まず先程からのモデルケースで、妻のパート収入がぎりぎり106万円未満であると仮定して税社コスト等を算定してみましょう。

【モデルケースⒺ】
❶夫は50歳。都内の一般企業に勤務。年収600万円。東京都北区在住。
❷妻は45歳。近所のスーパーに勤めるパート社員。収入は年額105・9万円。
パート先のスーパーは全国規模であり、この企業全体の従業員数は5000名。

右の❷で、妻の勤める企業全体の従業員数は5000名となっています。この人数の意味は、企業全体の従業員数が101人以上なので、その企業は「特定適用事業所」に該当することを示しています。

つまり、パート収入が年間106万円以上のパートタイマーから、社会保険料を徴収することが必要な企業であるという意味になります。

モデルケースⒺ

（単位：万円）

[夫・税社コスト]	
①所得税	（給与 600 －給与所得控除 164 －④ 90 －配特控除 38 －基礎控除 48）×10%−9.75 ＝ 16.25
②復興特別所得税	① ×2.1% ＝ 0.34
③住民税	（給与 600 －給与所得控除 164 －④ 90 －配特控除 33 －基礎控除 43)）×10%＝ 27
④社会保険料	給与 600×15%（概算社会保険料率）＝ 90
⑤小計	①＋②＋③＋④＋⑤＝ 133.59
[妻・税社コスト]	
⑥所得税	（給与 105.9 －給与所得控除 55 －基礎控除 48）×5%＝ 0.15
⑦復興特別所得税	⑥ ×2.1% ＝ 0.00
⑧住民税	（給与 106.9 －給与所得控除 65 －基礎控除 33）×10%＝ 0.79
⑨社会保険料	0
⑩小計	⑥＋⑦＋⑧＋⑨＝ 0.94
[世帯税社コスト]	
⑪世帯税社コスト	⑤＋⑩＝ 134.5（小数点以下 2 位四捨五入）
[世帯可処分所得]	
⑫世帯可処分所得	(夫給 600 ＋妻給与 105.9) − 134.5 ＝ 571.4

次に、妻のパート収入が106万円の壁に引っかかったケースを見てみましょう。妻のパート収入は年額で106万円と仮定します。

【モデルケースⒻ】

❶夫は50歳。都内の一般企業に勤務。年収600万円。東京都北区在住。

❷妻は45歳。近所のスーパーに勤めるパート社員。パート収入は年額106万円。パート先のスーパーは全国規模であり、この企業全体の従業員数は5000名。

まずは勤務先の
従業員数の確認が
必要なのね！
106万円

モデルケースⒻ

(単位:万円)

[夫・税社コスト]	
①所得税	(給与 600 −給与所得控除 164 −④ 90 −配特控除 38 −基礎控除 48)×10%−9.75 = 16.25
②復興特別所得税	① ×2.1% = 0.34
③住民税	(給与 600 −給与所得控除 164 −④ 90 −配特控除 33 −基礎控除 43))×10%= 27
④社会保険料	給与 600×15%(概算社会保険料率) = 90
⑤小計	①+②+③+④+⑤= 133.59
[妻・税社コスト]	
⑥所得税	(給与 106 −給与所得控除 55 −⑨ 15.9 −基礎控除 48)×5% = 0
⑦復興特別所得税	⑥ ×2.1% = 0
⑧住民税	(給与 106 −給与所得控除 55 −⑨ 15.9 −基礎控除 43)×10% = 0
⑨社会保険料	給与 106×15%(概算社会保険料率) = 15.9
⑩小計	⑥+⑦+⑧+⑨= 15.9
[世帯税社コスト]	
⑪世帯税社コスト	⑤+⑩= 149.5(小数点以下 2 位四捨五入)
[世帯可処分所得]	
⑫世帯可処分所得	(夫給与 600 +妻給与 106) − 149.5 = 556.5

【モデルケースⒺ】と【モデルケースⒻ】との世帯税社コストを比較してみると、前者が134・5万円なのに対して後者は149・5万円と、15・0万円も跳ね上ってしまいました。妻の給与は0・1万円（千円）増えただけです。

一方、世帯可処分所得は【モデルケースⒺ】が571・4万円、【モデルケースⒻ】は556・5万円となっています。

これらの計算結果から、妻の給与が105・9万円から106万円に増加すると、世帯の可処分所得が571・4万円から556・5万円へと逆に減少してしまうことがわかりました。

これが、2016年10月1日に、共働き世帯にとっての新たな脅威として出現した、社会保険料の「106万円の壁」です。

次ページのグラフを見てください。妻の給与が106万円の手前であれば世帯可処分所得は571・4万円です。

106万円の壁に該当すると、世帯可処分所得は一気に14・9万円（571・4万円－556・5万円）も減少してしまいます。

Ⓔ Ⓕ 世帯可処分所得・妻の給与相関グラフ

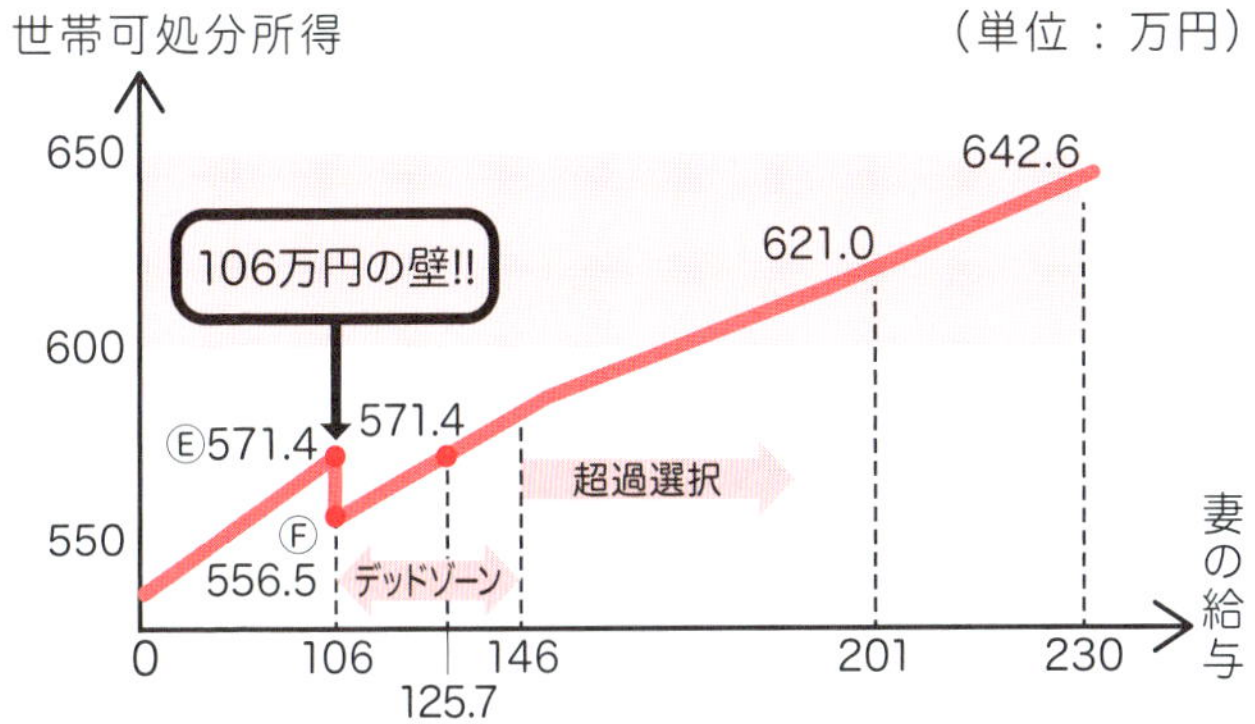

再び571・4万円の世帯可処分所得に戻そうとすると、妻は18％ほど年間労働時間を増やす必要があります。

つまり、妻が年間125・7万円の給与を得ることで、ようやく妻の給与が106万円レベルの世帯可処分所得に戻すことができるのです。

このケースで、妻がいくら以上稼ぐのなら「106万円の壁」を超える意味があるかを表す「超過選択ライン」は145・5万円、端数を四捨五入すると約146万円です。

また、あまり働く意味を感じられない「デッドゾーン」は106万円から146万円まで、ということになります。

パートで働く配偶者の方々はこのグラフ

を見て、ご自分のデッドゾーンを知っておく重要性を感じられたのではないでしょうか。

年の瀬になってあわてないように、ご自分が「106万円の壁」の該当者か「130万円の壁」の該当者かを、一度上司に確認しておく必要があるでしょう。

◉社会保険料の納付が不要なケース

皆さんは「給与所得者」に該当すれば、すべての人が社会保険（健保＋厚保）を納付する必要があるとお考えでしょうか。

実は給与所得者にも様々なケースがあり、「社会保険料の納付が必要なケース」と、「社会保険料の納付が不要なケース」とがあるのです。

これら2種類のケースのうち、「社会保険料の納付が不要なケース」の主なものを挙げてみます。

❶社会保険任意適用事業所で働くケース
❷4分の3基準未満で働くケース
❸就業調整しながら働くケース

❹青色事業専従者として働くケース

❶は、勤務する事業所が法人ではなく個人事業所であり、さらに労働者の人数が5人未満であれば、原則として社会保険料がかかりません。

❷は、所定労働時間または所定労働日数を一般労働者の4分の3未満に抑えれば、原則として社会保険料がかかりません。

❸は、130万円や106万円という社会保険の壁を超えそうな場合において、働き方をセーブ（就業調整）し壁を超えなければ社会保険料がかかりません。

❹は、小規模な個人事業を営む夫（または妻）の事業を手伝う青色事業専従者として給料をもらう場合は、社会保険料はかかりません。

家計を守るためにも、無意味な社会保険料の納付は避けたいものですね。

7-03

納税者が個人事業者のパターン

給与を生活の糧としているのは、サラリーマンや会社役員などの給与所得者です。一方、給与を生活の糧としていない人達といえば、個人で事業を行う「個人事業者」がその代表格でしょう。

これら個人事業者は原則として、健康保険料や厚生年金保険料などの社会保険料を支払う必要がありません。その代わり、国民健康保険料と国民年金保険料を支払う必要があります。

ただし給料をもらう立場ではないので、世帯可処分所得に影響する「配偶者手当」が発生することはありません。その分この個人事業者のパターンは理解しやすいはずです。

◉「103万円の壁」に該当するケース（個人事業者）

パートで働く配偶者の多くは、納税者本人が配偶者控除を適用できるように、四苦八苦して年間パート収入を１０３万円以下に抑えてきました。

ですので、まずは配偶者の収入額が１０３万円の場合に、税金及び社会保険料にかかる「税社コスト」及び「世帯可処分所得」がどの程度となるのか確かめておきましょう。

【モデルケースⓖ】

❶夫は50歳。自営業（物品販売・個人経営）を営む。白色申告。東京都練馬区在住。本年売上3，000万円、仕入・経費2，400万円、事業所得600万円。

❷妻は45歳。近所の介護施設に勤めるパート社員。パート収入は年額103万円。

モデルケースⒼ

（単位：万円）

[夫・税社コスト]	
①所得税	（事業所得 600 －④ 81.09 －⑤ 19.91 －配偶者控除 38-–基礎控除 48）×20%–42.75 = 39.85
②復興特別所得税	① ×2.1% = 0.84
③住民税	（事業所得 600 －④ 81.09 －⑤ 19.91 －配偶者控除 33 －基礎控除 43）×10%= 42.30
④国民健康保険料	81.09 （146 ページ計算例より）
⑤国民年金保険料	1.659×12 カ月≒ 19.91
⑥小計	①+②+③+④+⑤+⑥= 183.99
[妻・税社コスト]	
⑦所得税	（給与 103 －給与所得控除 55 －基礎控除 48） = 0
⑧復興特別所得税	⑦ ×2.1% = 0
⑨住民税	（給与 103 －給与所得控除 55 －⑩ 19.91 －基礎控除 43）×10%= 0
⑩国民年金保険料	1.659×12 カ月= 19.91
⑪小計	⑦+⑧+⑨+⑩= 19.91
[世帯税社コスト]	
⑫世帯税社コスト	④+⑦= 203.9（小数点以下 2 位四捨五入）
[世帯可処分所得]	
⑬世帯可処分所得	（夫事業所得 600 ＋妻給与 103）－ 203.9 = 499.1

夫は自営業なので、社会保険に関しては国民健康保険料（前表④）と国民年金保険料（前表⑤）、妻は国民年金保険料（前表⑩）を支払うことになります。

前ページの表【モデルケースⒼ】で世帯収入は703万円（夫の事業所得600万円＋妻の給与103万円）に対して世帯可処分所得は499・1万円（前表⑬）です。

一方、7-02（116ページ）の【モデルケースⒶ】では、世帯収入は同じく703万円（夫の給与600万円＋妻の給与103万円）であるのに対して、世帯可処分所得は568・9万円となっています。

夫が個人事業者である【モデルケースⒼ】の世帯可処分所得の方が、69・8万円（568・9万円－499・1万円）も少なくなっています。その要因は、やはり給与所得控除と社会保険料の差なのです。

ちなみに、このケースで夫は白色申告を選択しています。白色申告の他に青色申告という方式も任意で選択できます。

この青色申告を選択すると、条件次第で青色申告控除額65万円を利益から差し引けるなど、様々な特典があります。【モデルケースⒼ】で、もし青色控除額65万円を利用するとしたら、その効果は大きく「前表⑫税社コスト合計」は20万円程度減少することになります。

しかし、この【モデルケースⒼ】では、話が複雑化するのを避け、説明を単純にするために青色申告は採用せず、原則的な申告方式である白色申告を選択しています。

◉個人事業者の国民健康保険料の計算

個人事業者の場合、公的医療保険は原則として「国民健康保険」に加入し、「国民健康保険料」を住所地の市区町村に納付することとなります。これは【モデルケースⒼ】の表では、④にあたります。

公的年金である⑤の国民年金保険料の計算は、毎月定額で明快であるのに対して、④の国民健康保険料の計算は独特かつ複雑です。

保険料の算出方法は全国一律ではなく、市区町村ごとに異なるため、所得額が同じでも、お住いの地域が異なると保険料額も変わってきます。

また、国民健康保険料は世帯員別に納付書が送られてくるのではなく、世帯主だけに送られてくる仕組みになっています。ですので【モデルケースⒼ】表の中では、便宜上④で妻の分も含めて夫の計算欄に計上してあります。

次ページ上段の表では、皆さんがご自分で保険料額を計算できるように、極力簡素にした形の計算表を示してあります。この表の計算式は、計算方法が比較的シンプルである東京都練馬区（２０２２年度）のものを使用しています。

国民健康保険料は
夫婦の合算所得が
対象になるのですね！

国民健康保険料・計算式

（単位：円）

①医療分	{夫の所得 -430,000 ＋妻の所得 -430,000}×7.16%＋ 42,100×2 人 (最高額 650,000)
②支援分	{夫の所得 -430,000 ＋妻の所得 -430,000}×2.28%＋ 13,200×2 人 (最高額 200,000)
③介護分	{夫の所得 -430,000 ＋妻の所得 -430,000}×2.43%＋ 16,600×2 人 (最高額 170,000)
④年間保険料	①+②+③ (最高額 1,020,000)

※ 39 歳以下及び 65 歳～ 74 歳の方の場合、上記③は計算不要

計算例・モデルケースⒼ表・④番

（単位：円）

①医療分	{夫の所得 (30,000,000-24,000,000)-430,000 ＋ 妻の所得 (1,030,000-550,000)-430,000}×7.16%＋ 42,100×2 人＝ 486,592
②支援分	{同上}×2.28%＋ 13,200×2 人＝ 154,536
③介護分	{同上}×2.43%＋ 16,600×2 人＝ 169,766
④年間保険料	810,894

◉「150万円の壁」に該当するケース（個人事業者）

次に【モデルケースⒽ】として、妻がパート労働時間を増やし年間パート収入を150万円得た場合の計算を行います。

妻の給与を150万円としたのは、もちろん「150万円の壁」の影響を見るためです。妻の給与が150万円であれば、150万円の壁ぎりぎり手前ですので、配偶者特別控除の最高額38万円を受けられることになります。

では、次の設定で税社コスト等を見てみましょう。

【モデルケースⒽ】

❶夫は50歳。自営業（物品販売・個人経営）を営む。白色申告。東京都練馬区在住。本年売上3，000万円、仕入・経費2，400万円、事業所得600万円。

❷妻は45歳。近所の介護施設に勤めるパート社員。パート収入は年額150万円。パート先の介護施設はこの事業所のみであり、この企業全体の従業員数は30名。

モデルケースⒽ

（単位：万円）

［夫・税社コスト］	
①所得税	（事業所得 600 －④ 73.31 －⑤ 19.91 －配特控除 38 －基礎控除 48）×20%−42.75 ＝ 41.41
②復興特別所得税	① ×2.1% ＝ 0.87
③住民税	（事業所得 600 －④ 73.31 －⑤ 19.91 配特控除 33 －基礎控除 43）×10%＝ 43.08
④国民健康保険料	73.31（国民健康保険料・計算式より）
⑤国民年金保険料	1.659×12 カ月 =19.91
⑥小計	①+②+③+④+⑤+⑥＝ 178.57
［妻・税社コスト］	
⑦所得税	（給与 150 －給与所得控除 55 －⑩ 22.50 －基礎控除 48）×5% ＝ 1.23
⑧復興特別所得税	⑦ ×2.1% ＝ 0.03
⑨住民税	（給与 150 －給与所得控除 55 －⑩ 22.50 －基礎控除 43）×10%＝ 2.95
⑩社会保険料	給与 150×15%＝ 22.50
⑪小計	⑦+⑧+⑨+⑩＝ 26.71
［世帯税社コスト］	
⑫世帯税社コスト	⑥+⑪＝ 205.3（小数点以下 2 位四捨五入）
［世帯可処分所得］	
⑬世帯可処分所得	（夫事所得 600 ＋妻給与 150）－ 205.3 ＝ 544.7

142ページの【モデルケースⒼ】と前ページの【モデルケースⒽ】との世帯税社コストを比較してみると、前者が203・9万円なのに対して後者は205・3万円と、たった1・4万円しか増えていません。

妻の収入が103万円から150万円へと47万円も増えたのに、です。これらを世帯可処分所得で比較してみると【モデルケースⒼ】は499・1万円、【モデルケースⒽ】は544・7万円となっています。

これらの計算結果から、少なくとも妻の給与が103万円から150万円まで増加する間においては、給与所得者のパターン（7-02）の130万円の壁や106万円の壁のように急激な世帯可処分所得の落ち込みはないものと思われます。むしろプラスです。

この現象を、妻の給与の増加に対して世帯可処分所得がどのように変化するか、次のページのグラフで確かめてみましょう。

このグラフでは、妻の給与が130万円の時点で、嬉しいことに8・1万円（530・3万円―522・2万円）世帯可処分所得が増加しています。

増加した主な要因は、妻の給与が130万円になった時点で国民健康保険を外れ、勤

ⒼⒽ世帯可処分所得・妻の給与相関グラフ

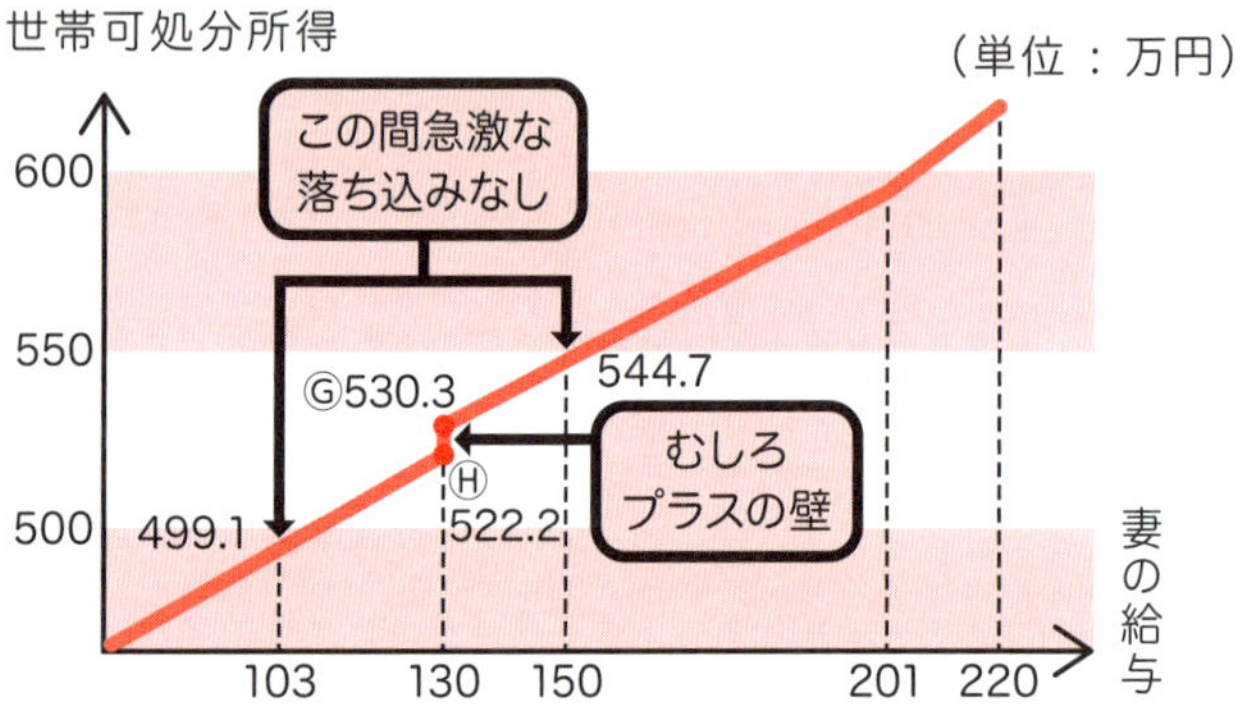

務先で社会保険に加入することになったためです。

そうすると勤務先企業が社会保険料の半額を負担してくれることになります。

ということは、100%負担の国民健康保険料と国民年金保険料が不要になり、50%の社会保険料の負担だけで済んでしまいます。

その結果上のグラフでは、プラスの壁が出現したのです。

◉「青色申告」の選択で可処分所得が増加する

個人事業者は毎年大晦日を過ぎると、急にあわただしくなってきます。なぜなら3月15日の確定申告期限が迫ってくるからです。

この確定申告の方式には「白色申告」と「青色申告」とがあるのですが、このうち世帯可処分所得を増加させるために有効活用しやすいのは「青色申告」の方です。

具体的な手続きとしては、住所地の所轄税務署長に「青色申告の承認申請書」と「青色事業専従者給与に関する届出書」（次ページ参照）を提出すればそれでオーケーです。

「青色事業専従者」とは個人事業者の配偶者や子、親など、その事業に専従する者のことをいいます。これらの者のうち、世帯可処分所得を増加させるため安定的に利用しやすいのはやはり配偶者です。事業で生じた利益の中から配偶者に給与（青色事業専従者給与）を支払うことにより、事業の利益を減少させることができるのです。

青色事業専従者給与に関する届出書

税務署受付印

青色事業専従者給与に関する ◎届出 ◎変更届出 書

1	1	2	0

税務署長

年 月 日提出

納税地	◎住所地・◎居所地・◎事業所等(該当するものを選択してください。) (〒 −) (TEL - -)
上記以外の住所地・事業所等	納税地以外に住所地・事業所等がある場合は記載します。 (〒 −) (TEL - -)
フリガナ / 氏名	生年月日 ◎大正 ◎昭和 ◎平成 ◎令和 年 月 日生
職業	フリガナ / 屋号

年 月以後の青色事業専従者給与の支給に関しては次のとおり ◎定めた ◎変更することとした ので届けます。

1　青色事業専従者給与（裏面の書き方をお読みください。）

	専従者の氏名	続柄	年齢 / 経験年数	仕事の内容・従事の程度	資格等	給料 支給期	給料 金額（月額）	賞与 支給期	賞与 支給の基準（金額）	昇給の基準
1			歳 / 年				円			
2										
3										

2　その他参考事項（他の職業の併有等）

3　変更理由（変更届出書を提出する場合、その理由を具体的に記載します。）

4　使用人の給与（この欄は、この届出（変更）書の提出日の現況で記載します。）

	使用人の氏名	性別	年齢 / 経験年数	仕事の内容・従事の程度	資格等	給料 支給期	給料 金額（月額）	賞与 支給期	賞与 支給の基準（金額）	昇給の基準
1			歳 / 年				円			
2										
3										
4										

※ 別に給与規程を定めているときは、その写しを添付してください。

関与税理士

(TEL - -)

税務署整理欄	整理番号	関係部門連絡	A	B	C		
	0						
	通信日付印の年月日		確認				
	年 月 日						

たとえば事業利益が1000万円だとします。仮に配偶者に給与を100万円支払えば事業利益は900万円（1000万円－100万円）に減少し、給与を400万円支払えば事業利益は600万円（1000万円－400万円）に減少します。

ではこのような形でモデルケースを設定してみましょう。

【モデルケース①】

❶夫は50歳。自営業（物品販売・個人経営）を営む。青色申告。従業員は2名。東京都練馬区在住。

本年売上3，000万円、仕入・経費1，935万円、青色申告特別控除65万円、事業利益1，000万円。

❷妻は45歳。夫の自営業の青色事業専従者。

青色事業専従者給与は0円〜400万円の範囲で任意に設定が可能。

①世帯可処分所得・夫の利益・妻の給与相関グラフ

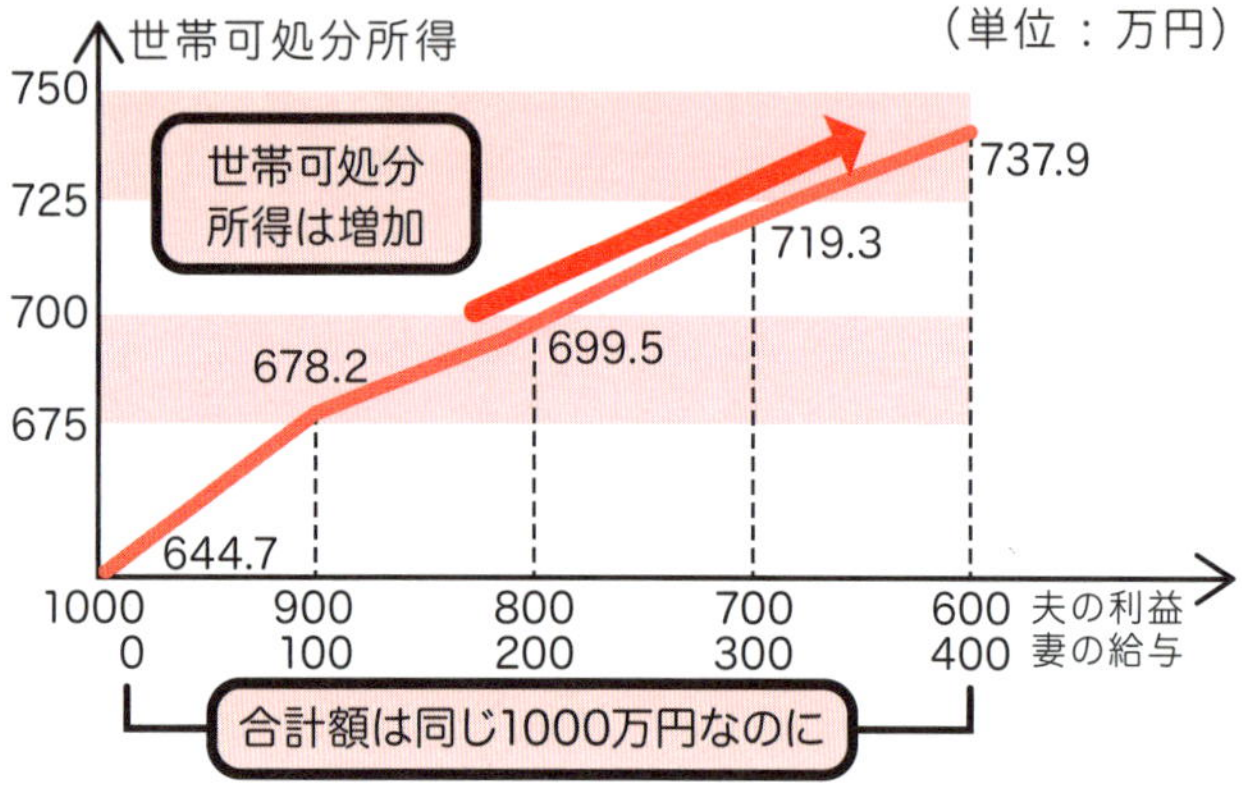

上のグラフで「夫の利益１０００万円・妻の給与０円」のときは世帯可処分所得が６４４・７万円です。

合計額は同じでも「夫の利益６００万円・妻の給与４００万円」とすれば、世帯可処分所得は７３７・９万円へと９３・２万円も増加するのです。

これは青色事業者のメリットのうち代表的なものです。

この世帯可処分所得が増加する現象の活用は、私達税理士にとっては節税の基本テクニックです。ただ最初は、節税となるこの仕組みがなかなか理解しにくいので、次ページで図解しておきましょう。

所得税減少のイメージ

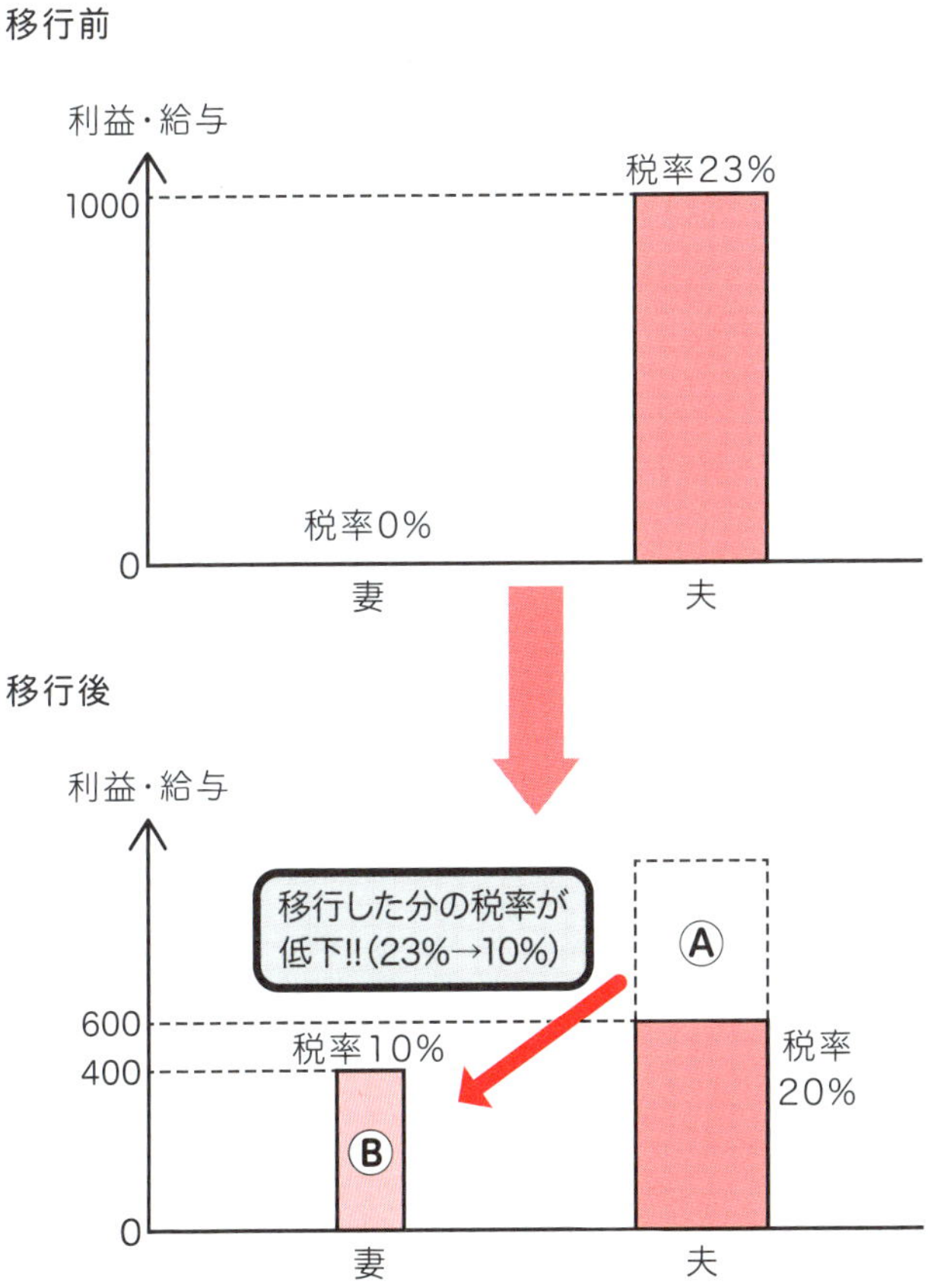

移行前
利益・給与
1000
税率23%
税率0%
0
妻
夫
移行後
利益・給与
移行した分の税率が
低下!!(23%→10%)
Ⓐ
600
400
税率10%
税率
20%
Ⓑ
0
妻
夫

所得税は所得が高くなると税率も高くなる、「累進課税方式」を採用しています。そのため、夫の税率が高い部分の利益Ⓐを、妻の税率が低い部分の給与Ⓑに移行すると、移行した額に対して主に移行前の税率23％より低い税率10％が適用されます。その結果、夫と妻の税額合計が減少することになるのです。

国民健康保険料でも、最高限度額以下の状態であれば負担額を減らすことが可能です。つまり、妻の給与を増加させ、給与所得控除額を増加させることで夫の利益を減少させれば、結果的に国民健康保険料の負担が減少することになります。

このように、青色事業者は青色申告方式を選択することによって、税社コストのうち所得税、住民税と国民健康保険料をトリプルで減らすことが可能になるのです。

ただし青色事業専従者給与を税社コスト削減に利用する場合、注意点もあります。配偶者を青色事業専従者として税務署に届け出た時点で、「配偶者控除及び配偶者特別控除を利用する権利」は自主的に放棄することになるのです。

つまり、配偶者を青色事業専従者として届け出て税社コストを削減するか、配偶者控除等を利用して税社コストを削減するか、二者択一を迫られることになるのです。

7-04
納税者が高額所得者のパターン

配偶者控除が変動制になったことの影響

高額所得者の方が、配偶者控除を有効利用しようとする場合には「配偶者控除額の変動制」に注意が必要です。

具体的には、納税者本人の合計所得金額が増減すると、それに応じて配偶者控除額が変動する仕組みとなっているのです。

２０１７年までは、納税者本人の所得が仮に一億円を超えていたとしても、配偶者控除額の38万円は固定でした。それが２０１８年以降は、配偶者控除に制限が加えられることになってしまいました。もし配偶者控除を受けたければ、所得を一定範囲内に納めるように、という具合に結果的に課税強化されてしまったのです。

所得を一定範囲内に納めるということは、給与収入であれば１１９５万円以下に納めるということです。

配偶者控除額（所得税）

（単位：万円）

配偶者控除額	納税者の合計所得金額	給与収入の場合
38（48）	900以下	1095以下
26（32）	900超950以下	1095超1145以下
13（16）	950超1000以下	1145超1195以下
0（0）	1000超	1195超

※（　）内は配偶者が70歳以上の場合

配偶者控除に制限が加えられるのは、給与収入が１０９５万円を超える納税者です。

給与収入がこの範囲に該当する納税者像というと、一般的には企業経営者、サラリーマンであれば少なくとも45歳以上の幹部クラスの方々が該当するものと思われます。

企業経営者であれば自分自身で給与（役員報酬）を決定できるので、所得の調整は比較的簡単でしょう。一方サラリーマンの場合はなかなか難しいかもしれません。

さて、納税者本人の合計所得金額・給与収入と配偶者控除額との関係は上にある表の通りとなります。

この表の中で気になるのは、所得区分の変わり目で、配偶者控除額がいきなり変動する点です。

たとえば給与収入が１０９５万円であれば配偶

者控除額は最大で48万円ですが、もし給与収入が1円だけ増えて１０９５万1円になると、配偶者控除額は32万円と16万円も減少してしまいます。

そのため、給与収入がこの境界ライン付近になる年は、特に注意が必要になるのです。

⦿配偶者が専業主婦のケース

ではモデルケースで、変動制となった配偶者控除が世帯可処分所得にどのような影響を及ぼすのかを見てみましょう。

夫が高額所得者の場合、妻が生活費を稼ぐためにパートに出る必要性は一般的に低いと思われます。そのため、このモデルケースで妻は専業主婦という設定になっています。

【モデルケースⒿ】

❶夫は60歳。都内で食品製造業を経営。代表取締役。東京都練馬区在住。

❷妻は50歳。専業主婦。

Ⓙ世帯可処分所得・夫の給与相関グラフ

（単位：万円）

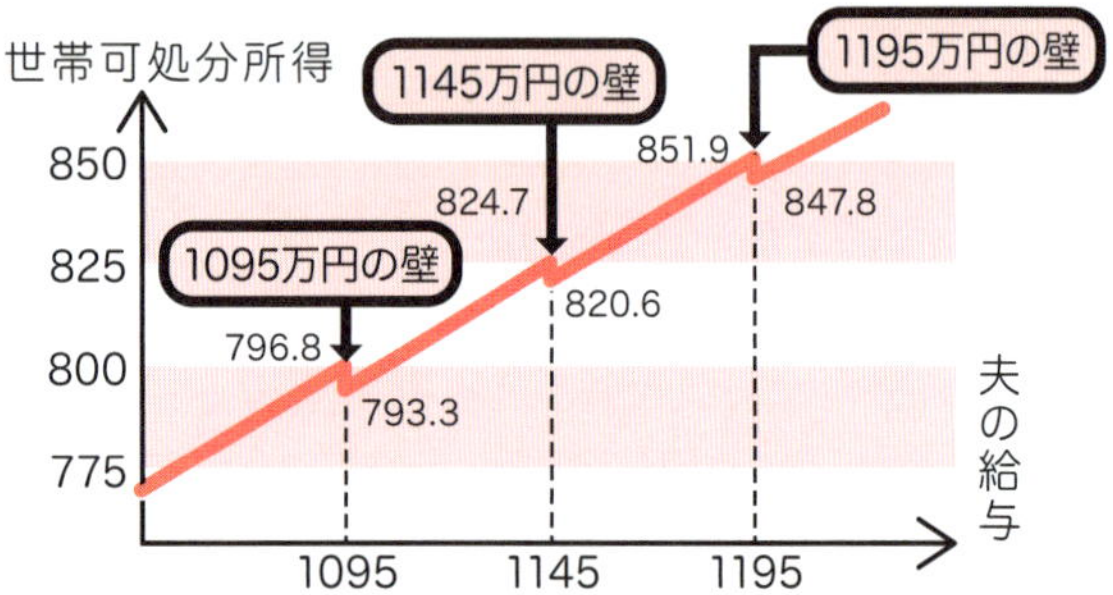

夫の給与	1095	1095.1	1145	1145.1	1195	1195.1
世帯可処分所得	796.8	793.3	824.7	820.6	851.9	847.8

なお、夫は代表取締役であるため自身の給与（役員報酬）を、１０００万円から１，３００万円の範囲で自由に決定できるものとします。

上のグラフを見ておわかりのように、夫が高額所得者に該当する場合、新種の壁が３つも発生することになりました。

つまり、夫の給与が「１０９５万円の壁」をわずかでも超えてしまえば３・５万円（７９６・８万円－７９３・３万円）世帯可処分所得が減少してしまいます。

また夫の給与が「１１４５万円の壁」を超えると４・１万円が、「１１９５万円の壁」を超えると同じく４・

1万円の世帯可処分所得が減少してしまいます。

給与がこれら3つの壁の付近にあるときは、世帯可処分所得を無駄に減らさない工夫が必要です。可能であれば、給与をそれぞれの壁の内側（左側）に納めるように検討したいところですね。

配偶者がパートタイマーのケース

所得税と住民税の人的控除の中で、最も複雑な制度が「配偶者特別控除」です。

その理由は、納税者本人の合計所得金額を「900万円以下」「900万円超950万円以下」「950万円超1，000万円以下」に3分割して配偶者特別控除額変動させるシステムとなっているからです。

163ページの図では、この複雑な制度を理解しやすくするため、さらに「1，000万円超」の区分も設定して、合計4区分の配偶者特別控除システムのイメージを表しています。

この図は第3章（57ページ）でも一度出てきた図です。ただ、一度見たくらいではとても理解できない複雑な仕組みですので、再度表示しておきます。

知っ得!

リバースモーゲージ

共働き世帯において定年がちらつき始めた50代にもなると、そろそろ老後資金の確保に頭を悩ます年代となってきます。

その際、子供がいない夫婦や子供がいても既に自宅を持っているケースなどでは「リバースモーゲージ」というアイテムが利用できるかもしれません。

これは自宅を担保にして老後資金を借り入れる方法で、返済は死後に自宅を売却するなどでかまいません。

ご夫婦の死後、もう自宅は不要だというのであれば合理的な老後資金調達手段といえますね。

納税者本人の合計所得金額別イメージ図

（単位：万円）

納税者本人の合計所得金額
900万円以下

（給与収入1095万円以下）

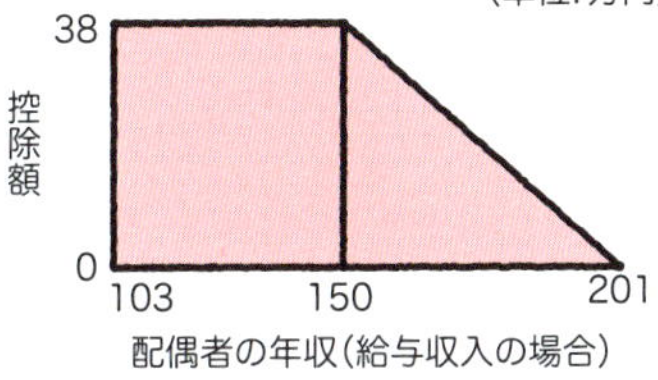

納税者本人の合計所得金額
900万円超950万円以下

（給与収入1095万円超
1145万円以下）

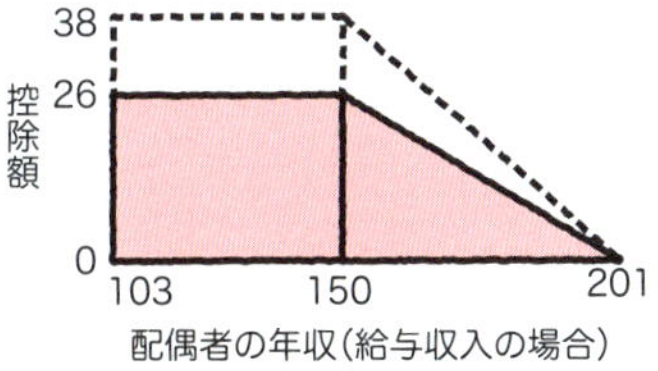

納税者本人の合計所得金額
950万円超1000万円以下

（給与収入1145万円超
1195万円以下）

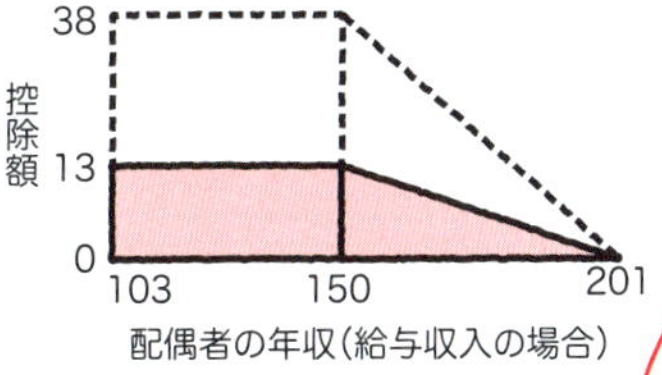

（プラスα）

納税者本人の合計所得金額
1000万円超

（給与収入1195万円超）

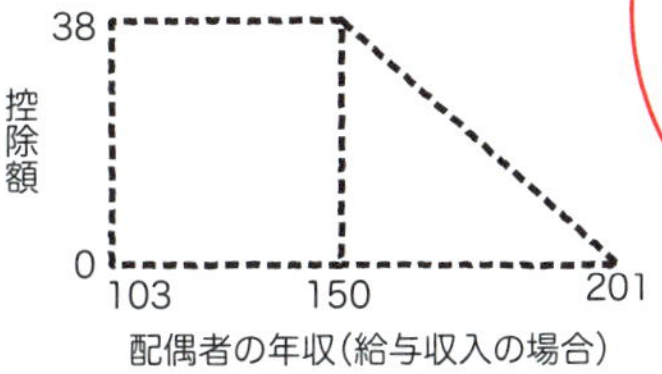

所得によって壁の形が変わるんですね！

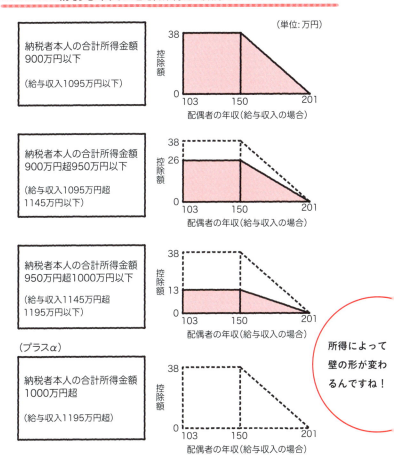

一番上の図形は色がついた部分が広く、配偶者特別控除をたっぷり受けられることを表しています。配偶者特別控除額は満額で38万円です。

二番目の図形は色がついた部分がやや狭くなり、満額で26万円。三番目の図形では色がついた部分がかなり狭くなり、満額でもたった13万円。なんとも寂しい気持ちになってきましたね。一番下の図形ではついに0円となってしまいました。

これらについてモデルケースを設定し、不確定要素の含まれる社会保険料の影響を排除した上で、税額ベースでどの程度の節税額となるのか見てみましょう。

【モデルケースⓀ】

❶夫は50歳。都内の金融機関に勤務。支店長。東京都荒川区在住。
年収は1095万円、1145万円、1195万円の3段階とする

❷妻は45歳。近所のスーパーに勤めるパート社員。
パート先のスーパーはこの店舗のみであり、この企業全体の従業員数は40名。パート収入に制限はなし。

Ⓚ節税額・妻の給与相関グラフ

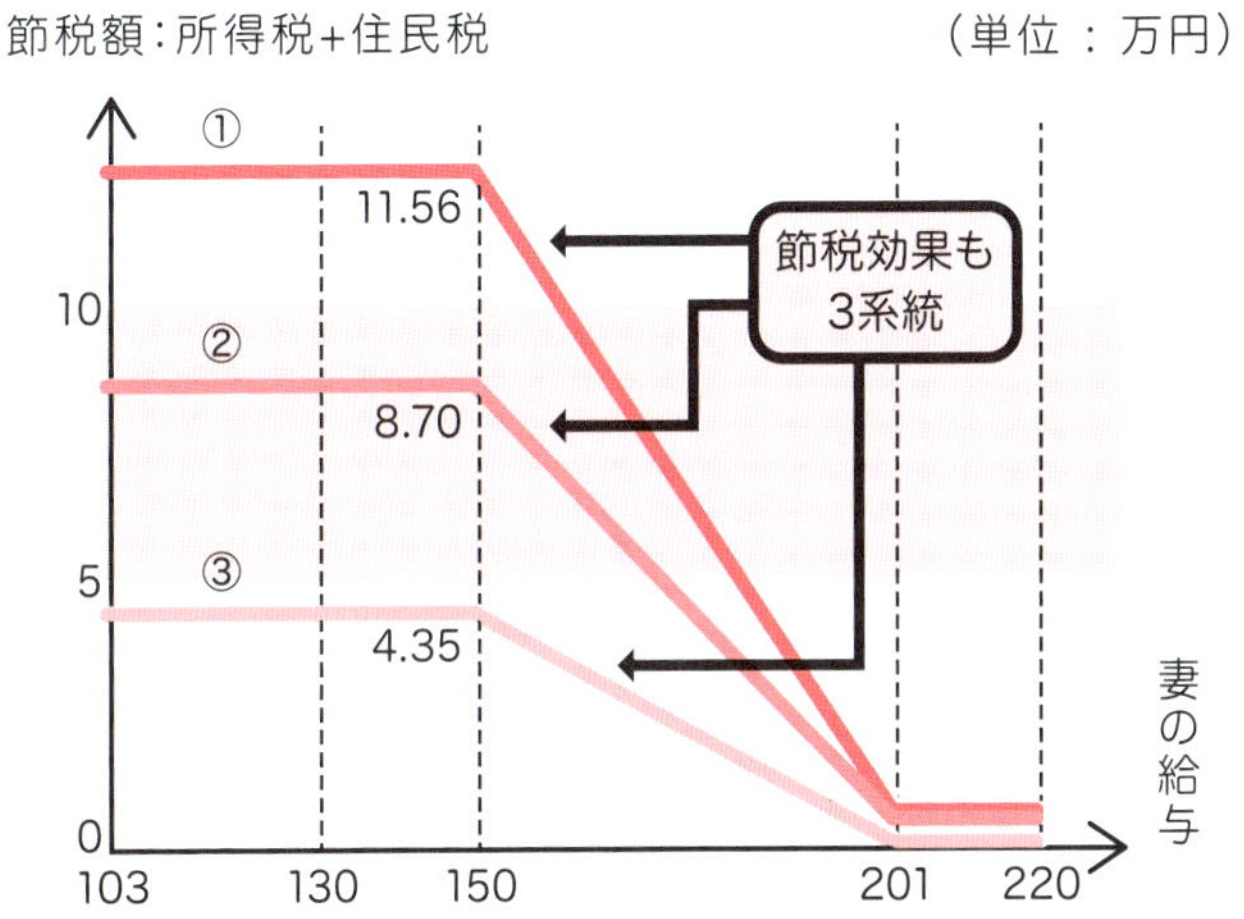

妻の給与	103	129.9	130	150	201	220
夫の給与 1095 ①	11.56	11.56	11.56	11.56	0.91	0.00
夫の給与 1145 ②	8.70	8.70	8.70	8.70	0.67	0.00
夫の給与 1195 ③	4.35	4.35	4.35	4.35	0.33	0.00

右のグラフの形状は、163ページの「四角形+直角三角形」の形状とそっくりになっています。

このグラフでいえば、最も大きい節税額である11・56万円を手にしたいところです。

そのためには条件が許せばという前提付きですが、「夫の給与」と「妻の給与」とを増減させながら、グラフ中の11・56万円のラインに納める必要があります。

7-05

配偶者手当が支給されるパターン

ここまでは「税金」と「社会保険料」が、世帯可処分所得をどのように減少させるかを中心に見てきました。

この税金と社会保険料は、いずれも世帯収入から控除される性質を持つ、いわゆる「マイナス項目」でした。

ここではマイナスではなく、逆に世帯収入を増加させる「プラス項目」である「配偶者手当」について見ていきましょう。

「プラスになるのなら、問題ないんじゃない？」と思われる方もいるでしょう。しかし問題となるのは、既に配偶者手当の支給を受けている方が、配偶者の収入増加により配偶者手当の支給がストップされる場合です。

額にもよりますが、配偶者手当支給の有無は、税金や社会保険料の世帯可処分所得に対する影響と同等か、それ以上に大きな影響力を持つケースもあり得るのです。

◉「103万円の壁」に該当するケース（配偶者手当）

ではここでも、モデルケースを設定して、配偶者手当の世帯可処分所得に対する影響の具合を見ていきましょう。

第6章で説明した通り、配偶者手当がどういう場合に支給されるか（支給基準）と、配偶者手当がいくら支給されるか（支給額）は、企業によって千差万別です。なぜなら、配偶者手当は法律によって支給が義務付けられたものではないからです。

このモデルケースでの支給基準は「配偶者が所得税法上の配偶者控除を受けられる場合（年収103万円以下）」とし、支給額は「月額15,000円」とします。

ちなみに、配偶者手当を支給している企業における平均支給月額は、1万円〜

Ⓛ世帯可処分所得・妻の給与相関グラフ

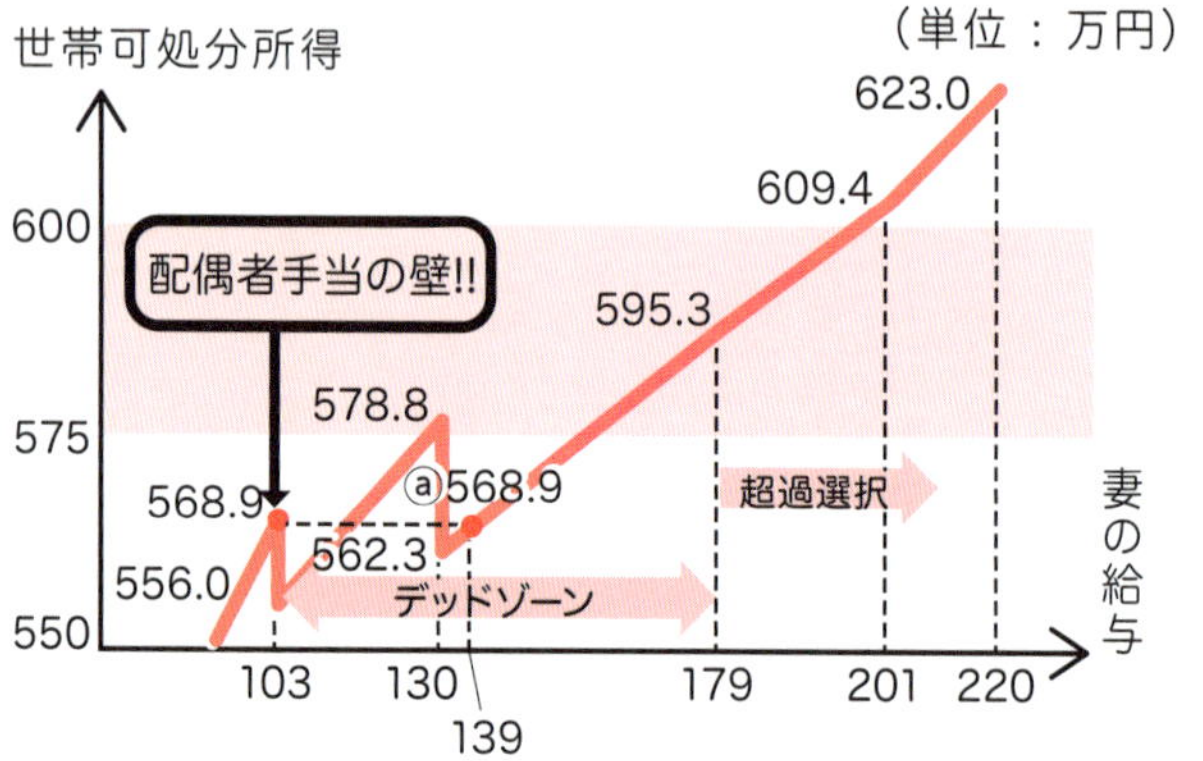

1万5千円といわれています。子供などに対する平均支給月額3千円～5千円よりは通常高額に設定されています。

【モデルケースⓁ】

❶夫は50歳。都内の運送会社に勤務。年収600万円（配偶者手当18万円含む）。東京都台東区在住。

❷妻は45歳。近所のスーパーに勤めるパート社員。パート収入に制限はなし。パート先のスーパーはこの店舗のみであり、この企業全体の従業員数は40名。

上のグラフの形状は、ノコギリの刃のようになっています。

このうち左側の刃の落ち込みは、配偶者

の給与収入が103万円を超えたため、配偶者手当の支給がストップされた影響によるものです。

いわば「配偶者手当の壁」とも呼べる現象です。

このモデルケースの設定では、妻の給与が103万円をわずかでも超えてしまうと、12・9万円（568・9円―556・0万円）も世帯可処分所得が減少してしまいました。

ストップされた配偶者手当の額である18万円ではなく、12・9万円だけの減少となっているのは、税金や社会保険料が多少軽減される影響によるものです。

また、このモデルケースでは「103万円」「130万円」と2種類の壁が発生しているため、2段階の所得の落ち込みが生じています。

落ち込み前の世帯可処分所得を得るには、年間で139万円以上の給与を稼ぐ必要があります。その差はなんと36万円という大きな額であり、妻にとってはおよそ4カ月分の稼ぎにも匹敵してしまいます。4カ月も無駄働きをするくらいなら、年間103万円のパートタイマーとして、のんびり働いていた方がまだましだということになってしまいます。

ただ実は、この139万円と103万円との間にも、世帯可処分所得が568・9万円を超える領域（図中ⓐ）は存在しています。しかし、この領域での妻の実質的な時給を計算してみても、ほぼ半額以下となり、あくせく働くうま味はありません。

このケースの「超過選択ライン」は179万円、「デッドゾーン」は103万円から179万円という結果になります。

◉「130万円の壁」に該当するケース（配偶者手当）

配偶者手当の支給基準、すなわち配偶者の給与収入がいくらまでであれば配偶者手当が支給されるかという点で、最も多い金額は6-03で前述した「103万円」です。

一般的なサラリーマンは、年末になると、勤務先に「給与所得者の配偶者控除等申告書」を提出する義務があります。

この用紙の提出により、配偶者の給与収入が年間103万円以下であることを確認できる仕組みになっています。そこで勤務先では、本来所得税計算に使用されるこの用紙を、配偶者手当支給基準の確認用にも流用することがあります。別の基準を作って二重に確認作業をする手間が省けて一石二鳥だからです。

支給基準でこの「103万円」の次に多いのが「130万円」です。これは、配偶者が「健康保険・厚生年金保険の第3号被保険者」、つまり社会保険上の被扶養者となれるのは、給与収入が年間で原則１３０万円未満の場合に限られるからです。

したがって配偶者の給与収入が１３０万円以上になった時点で、配偶者を扶養から外すために、勤務先では管轄の年金事務所に「健康保険被扶養者（異動）届」を提出することになります。

では、この支給基準が１３０万円のケースで世帯可処分所得がどのように変化するか、モデルケースを設定して見てみましょう。支給額は前のケースⓁと同じく「月額１５，０００円」とします。

【モデルケースⓂ】

❶夫は50歳。都内の運送会社に勤務。年収６００万円（配偶者手当18万円含む）。東京都台東区在住。

❷妻は45歳。近所のスーパーに勤めるパート社員。パート収入に制限はなし。パート先のスーパーはこの店舗のみであり、この企業全体の従業員数は30名。

次ページのグラフでは妻の給与が１３０万円の位置で、非常に大きな壁が出現してい

Ⓜ世帯可処分所得・妻の給与相関グラフ

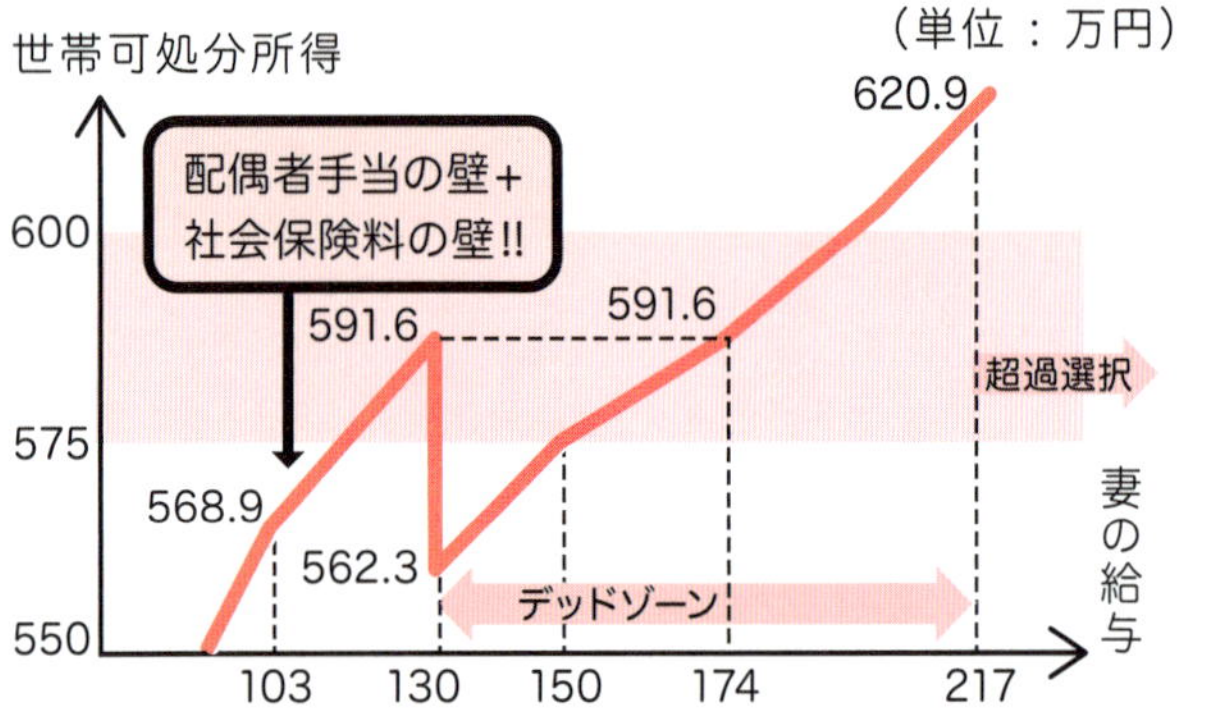

ます。

これは配偶者手当がストップされることによる「配偶者手当の壁」と、１３０万円以上で課されることになる「社会保険料の壁」が重複して発生してしまうためです。

世帯可処分所得としては、２９・３万円（５９１・６万円－５６２・３万円）の差にも達する大きな壁となっています。

いったんこの壁を超えてしまうと、超える前の世帯可処分所得を再び得るためには、妻は１７４万円もの給与を稼ぐ必要があります。つまり44万円以上多く稼ぐ必要があり、１３０万円の壁を基準とするなら約４カ月分にも相当する給与となってしまいます。

また、いくら以下の稼ぎだと働く意味がないか、逆に言えばいくら以上稼げば働く意味が出てくるかということを示す「超過選択ライン」は217万円となります。

これは、年間で約130万円程度稼ぐパートタイマーにして、1・67倍（217万円÷130万円）以上働かないと「130万円の壁」をわざわざ超える意味がない、ということを表しています。

1・67倍以上、年間収入額換算で217万円以上稼ぐとすれば、もはやパートタイマー（パートタイム労働者）とは言えません。フルタイマー（フルタイム労働者）の領域に達してしまいます。

要するに年収130万円未満でパートタイマーとしてのんびり働くか、年収217万円以上のフルタイマーとしてバリバリ働くか、の二者択一を迫られることになってしまうのです。

◉「150万円の壁」に該当するケース（配偶者手当）

これまでは、配偶者の給与収入が年間103万円以下であれば、納税者本人は税法上で38万円の所得控除を受けることができました。2018年の税制改正以降、この103万円の金額は150万円までアップしました。

配偶者手当の支給基準に関しても、以前は配偶者の給与収入のリミットを税法上の「103万円の壁」に合わせて「103万円」とする企業が大半でしたが、2018年税制改正以降は、配偶者の給与収入のリミットを「150万円の壁」に合わせて「150万円」までアップさせた企業もあることでしょう。

ということで、ここでは配偶者手当の支給基準を、配偶者の給与収入150万円を限度額としてモデルケースを設定してみましょう。

このモデルケースでも配偶者手当は月額15，000円、年間で180，000と設定してみます。さてどのような結果になるでしょうか。

【モデルケースⓃ】

❶夫は50歳。都内の運送会社に勤務。年収600万円（配偶者手当18万円含む）。東京都台東区在住。

❷妻は45歳。近所のスーパーに勤めるパート社員。パート収入に制限はなし。パート先のスーパーはこの店舗のみであり、この企業全体の従業員数は30名。

Ⓝ世帯可処分所得・妻の給与相関グラフ

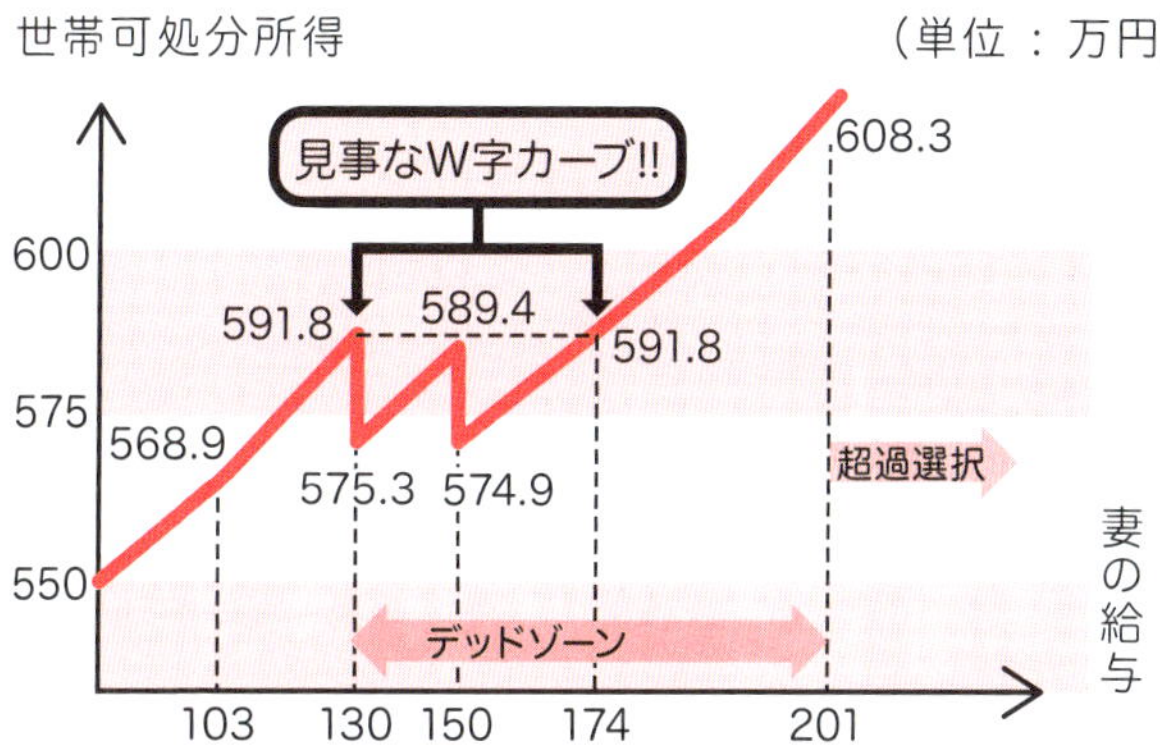

上のグラフではまず妻の給与が130万円の時点で「130万円の壁」が、続いて150万円の時点で「配偶者手当の壁」と2段階で壁が発生しています。

これら2種類の壁によって、見事なW字カーブが描かれています。

このW字カーブのせいで、世帯可処分所得は二度にわたって引き下げられることになってしまいます。

その結果、妻の給与が130万円以上になってしまうと、再び同額の世帯可処分所得を得るためには、妻が174万円を稼ぎ出す必要が生じます。

その差額は44万円となり、仮に妻の時給が1000円とすれば、なんと440時間も多く働く必要があります。それでも元の世帯可処分所得に戻ったに過ぎません。

働く意味がある基準を示す超過選択ラインとなると201万円、妻の時給が1000円とすれば710時間も多く働く必要が生じます。まさか710時間も無駄働きをするわけにはいきませんね。

もし筆者がパートタイマーだったとしても、このケースではやはり「130万円の壁」を超えないように就業調整をすることを選ぶでしょう。

7-06

配偶者が老人控除対象のパターン

働く高齢者が増加中

ここまでは、配偶者が様々なケースに該当する「原則的」なパターンについて見てきました。反対に「例外的」ともいうべき、配偶者が「老人」であるパターンも存在します。ここでの「原則的」には配偶者の年齢が70歳未満のケースが該当し、「例外的」には配偶者の年齢が70歳以上のケースが該当します。

近年では、国が制定した「高年齢者雇用安定法」の影響もあり、職場の高年齢化が進んでいます。「高年齢者雇用安定法」とは、定年年齢に達した労働者についても、希望者全員の70歳までの継続雇用制度の導入等を企業の努力義務とする法律です。

現在70歳の方であれば「年齢七掛説」によると、かつての49歳（70歳×0・7）となり、まだまだ働き盛りだともいえます。もちろん労働意欲の高低や大病の経験の有無などの影響は受けますが、70歳に達しても若々しく労働意欲の高い方々が年々増加しているのは確かです。

さらに「労働者」だけに限らず、70歳を超えた「経営者」の方々も安定的に増加中です。

◉「老人控除対象配偶者」に該当するケース

70歳以上の方々の配偶者の年齢は、やはりおおよそ70歳以上となるでしょう。その場合には、配偶者控除の面で特典を受けられることになります。

具体的には、基本的な配偶者控除額は38万円なのに対して、配偶者の年齢が70歳以上の場合、基本的な配偶者控除額は48万円（図中※①）となります。つまり長年ご苦労様

老人配偶者控除額

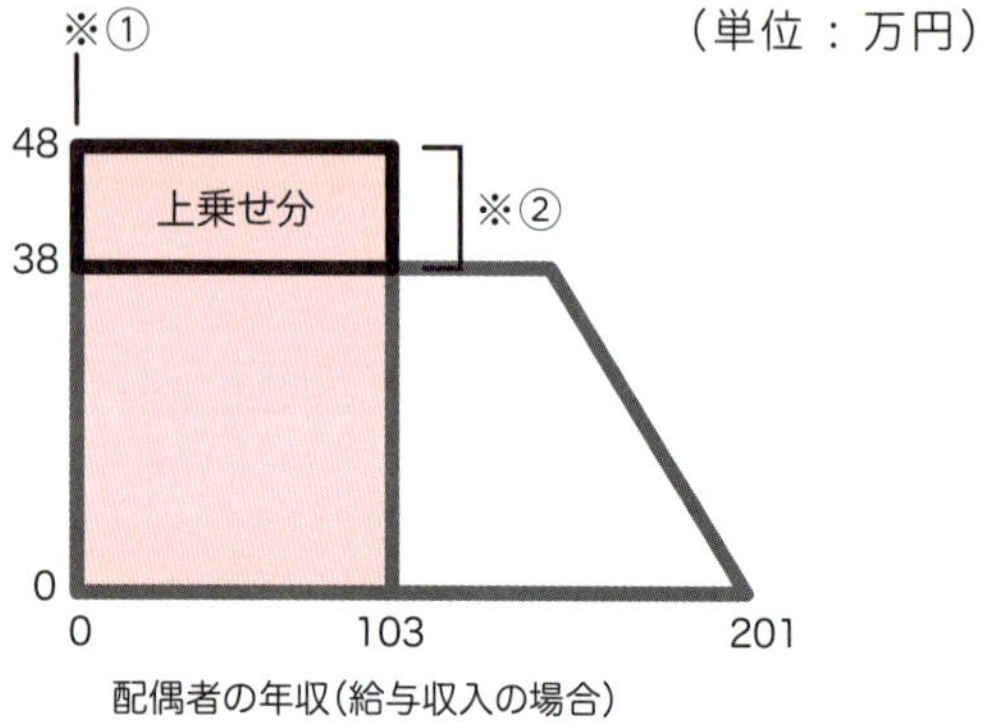

的な意味合いで、10万円（上の図※②）も上乗せで所得控除を受けられることになるのです。

厳密に言えばこの10万円の加算額（上の図※②）は、納税者本人である夫の所得が高額になると「6万円」「3万円」と減額されていきます。この点については第2章（2-05）をご覧ください。

では、配偶者の年齢が70歳以上のパターンでモデルケースを設定し、世帯可処分所得の動きを確かめてみましょう。

【モデルケース◎】

❶夫は73歳。都内で会社を経営（株式会社・製造業）。代表取締役。従業員数は10人。年収1000万円。東京都三鷹市

◎世帯可処分所得・妻の給与相関グラフ

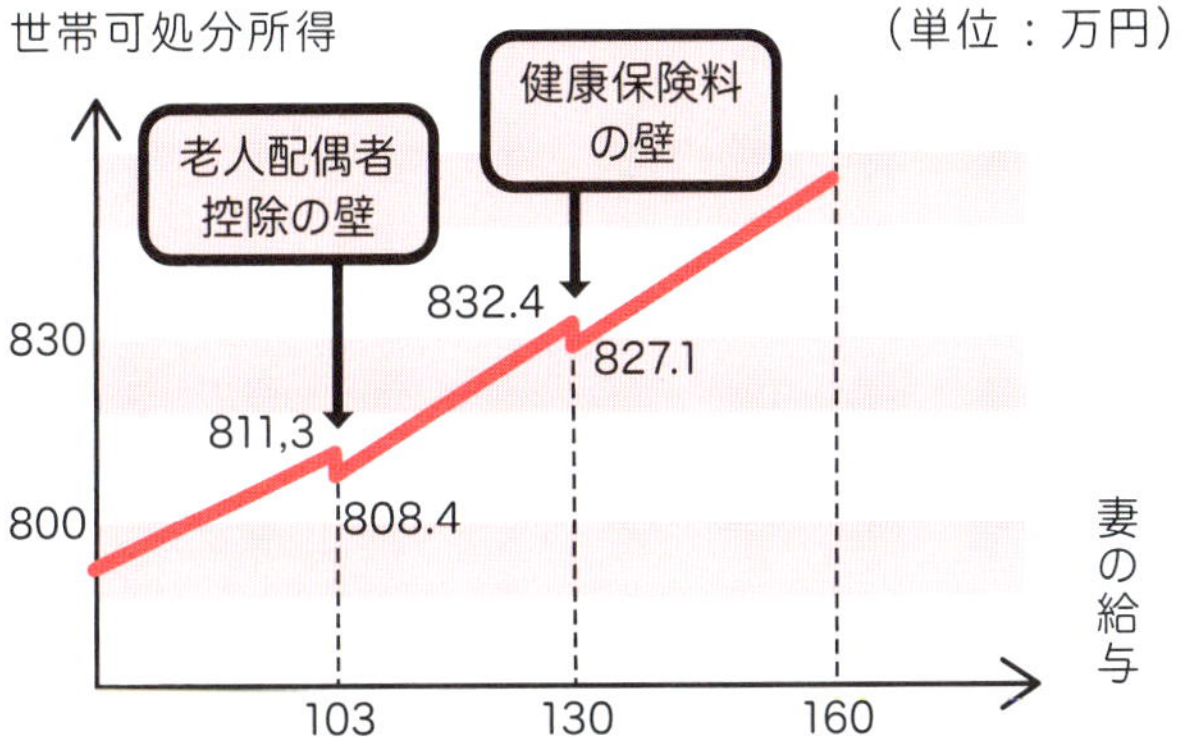

在住。

❷妻は71歳。夫の会社の事務員。非役員。給与収入は0円から220万円まで変動の余地あり。

上のグラフでは小刻みに2種類の壁が発生しています。

まずは左側の「老人配偶者控除の壁」です。配偶者が70歳以上になると給与が103万円以下であれば「48万円」の配偶者控除を受けられるのです。しかし、103万円を超えると10万円削減され「38万円」しか控除を受けられなくなってしまいます。

この10万円に相当する税額である2・9万円（811・3万円−808・4万

社会保険料の控除対象年齢

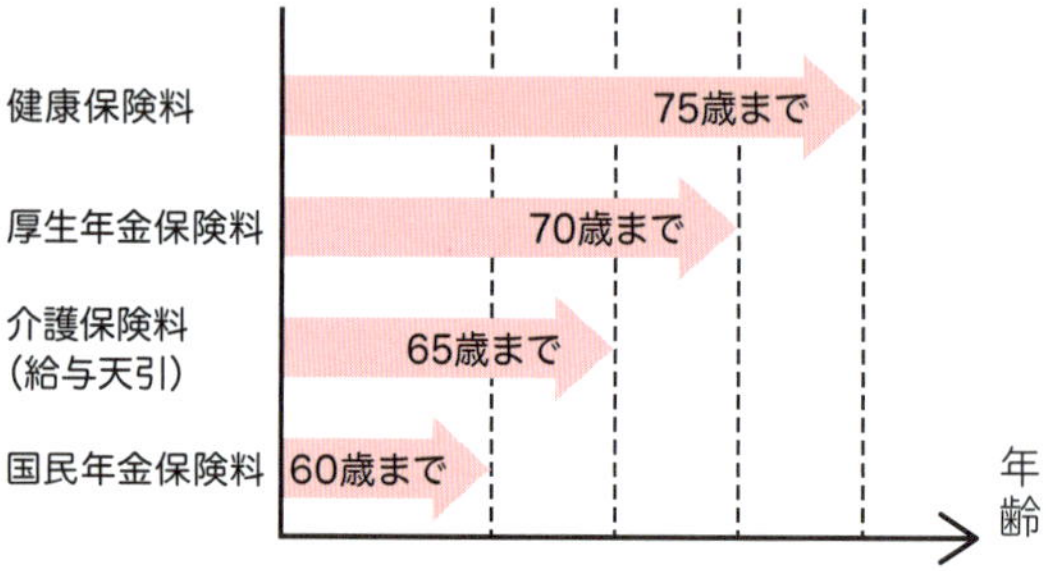

円）分、世帯可処分所得が減少してしまうのです。

納税者側からすれば、１０３万円を超えて配偶者特別控除を受けても、10万円はそのまま上乗せしておいてほしいものですね。

次は、前ページのグラフ右側にある「健康保険料の壁」です。ここで「社会保険料の壁」と言わずに、わざわざ「健康保険料の壁」と言うのには老人特有の理由があります。

前述の通り「社会保険料」には、「健康保険料」「厚生年金保険料」「介護保険料」が含まれています。

ただし厚生年金保険料は、70歳までしか徴収されません。（上の図参照）

このモデルケースで配偶者の年齢は71歳ですので、厚生年金保険料と介護保険料は控除されずに、健康保険料のみの控除でＯＫです。ちょっと得した気分になりますね。

本来70歳未満の配偶者であれば、給与収入に対して約15％の社会保険料が控除されますが、このモデルケースでは健康保険料相当の5％だけしか控除されません。１３０万円の給与収入であれば、本来１９・５万円（１３０万円×15％）の社会保険料が、６・５万円（１３０万円×５％）の健康保険料だけとなり、差し引き13万円も少なく済んでしまいます。

そのためグラフ右側の「健康保険料の壁」では、健康保険負担による税金軽減分も含めて５・３万円（８３２・４万円―８２７・１万円）の差額となっています。

ということは、妻の年収が１３０万円前後となるのであれば、「健康保険料の壁」の観点からも、あえて１３０万円は越えずに、１３０万円の内側に抑えておく方が得策となるでしょう。

あとがき

最後までお読みいただきありがとうございます。読後感はいかがでしたでしょうか。本来は敬遠したくなるような難解なテーマであったため、読むのに骨が折れたのではないでしょうか。

本書のテーマは「配偶者控除等」を中心とした「社会保険」「配偶者手当」に関するものでした。

これらが、共働き世帯の夫婦が働いて稼いだ給料・賞与・パート代など、ひいては世帯可処分所得にどう影響するかについてご紹介しました。

共働き世帯の夫婦は結婚後の長い一生のうちに、夫婦それぞれが様々なライフステージ・ライフイベントを経験することになります。それらによって離職や転職を余儀なくされたり、逆に就労や再就職が可能な状況になったりと、世帯内の状況にも著しい変化が生じがちです。

さらにはこのような世帯内の変化だけではなく、世帯外である社会においても同様に著しく変化し続けています。

例を挙げれば近年では、社会保険の適用拡大が小規模企業まで進行したり、新型コロナウィルスのような感染症によりリモート労働など働き方が変化したり、世界各地の紛争による物流不安定化で極端な物価高となったりしています。

これら世帯内外の変化すべてが直接間接に影響し、共働き世帯の夫婦の働き方に対する判断をより困難なものとしています。

つまり今働きだすべきか今ではないのか、働くならどのように働くのか、どれだけ稼ぐ働き方をするのか…という判断をより難しくしているのです。

その判断を誤ると、世帯可処分所得の面において大きな損失を被ることになってしまいます。

仮に判断を誤り、年間で30万円もの世帯可処分所得を減らしてしまうような状況が、30歳から70歳まで40年間継続したとします。そうすると、合計で１２００万円もの大金がその世帯から知らず知らずのうちに流出してゆくことになってしまいます。

本書をお読みになることで、このような決定的な損失を被る状況を回避することが可能になるはずです。


皆様方の世帯が本書により、可処分所得に影響するマイナス要素を最大限取り除きことができ、プラス要素を最大限積み増すことで、世帯可処分所得最大化の夢を果たされることを願ってやみません。

その結果、皆様方の世帯において最大化された資金を自由に使って、夫婦そろってより豊かな生活を享受できるような日が訪れましたならば幸甚です。

◉ 参考文献

「国税庁」ホームページ（http://www.nta.go.jp/）
「厚生労働省」ホームページ（http://www.mhlw.go.jp/）
「総務省」ホームページ（http://www.soumu.go.jp/）
「全国健康保険協会」ホームページ（http://www.kyoukaikenpo.or.jp/）
「日本年金機構」ホームページ（http://www.nenkin.go.jp/n/www/index.html）
「中小企業庁」ホームページ（http://www.chusho.meti.go.jp/）
「日本税理士会連合会」ホームページ（http://www.nichizeiren.or.jp/index.html）
「全国社会保険労務士会連合会」ホームページ
（http://www.shakaihokenroumushi.jp/）
「日本ＦＰ協会」ホームページ（https://www.jafp.or.jp/）
「社会保険労働保険実務取扱全集」株式会社日本実業出版社
「JOURNAL of Financial Planning」日本FP協会
「起業・法人化を考えた時に読む本」（彩図社）
「シニアのなっとく家計学」（水曜社）
「サラリーマン節税術」（彩図社）

◉ 著者

中　正樹（なか　まさき）

税理士・社会保険労務士・中小企業診断士・ファイナンシャルプランナー（日本FP協会AFP）。総合会計事務所「中会計」所長。

石川県金沢市出身。1984年大阪府立大学（現：大阪公立大学）経済学部経営学科卒。

トータルで約30年間、税理士・社会保険労務士・中小企業診断士・ファイナンシャルプランナーの業務に従事。

他の保有資格等としては、宅地建物取引士（有資格者）。

これらの資格を相乗的に活用することにより、顧客の世帯可処分所得を、無理なくムラなく無駄なく増加させる研究に邁進。

実務では延べ10000件を超える世帯の可処分所得の増加に貢献している。

著書に「理想の相続は遺言と信託の二つで実現できる」（彩図社）「シニアのなっとく家計学」（水曜社）、「起業・法人化を考えた時に読む本」（彩図社）。他多数

索　引

※本書は2023年2月現在の情報を元に制作しています。制度の内容などについては、変更になる可能性がありますので予めご了承ください。

カバーデザイン：三枝未央
カバーイラスト（人物）・本文イラスト：すぎやま かずみ
企画協力：NPO法人 企画のたまご屋さん

知《し》らないと損《そん》をする配偶者控除《はいぐうしゃこうじょ》「つまりいくらまで働《はたら》ける？」がわかる本《ほん》　令和最新版《れいわさいしんばん》

発行日　2023年　3月21日　第1版第1刷
　　　　2024年　2月　5日　第1版第2刷

著　者　中《なか》　正樹《まさき》

発行者　斉藤　和邦
発行所　株式会社　秀和システム
〒135-0016
東京都江東区東陽2-4-2　新宮ビル2F
Tel 03-6264-3105（販売）Fax 03-6264-3094
印刷所　三松堂印刷株式会社　Printed in Japan

ISBN978-4-7980-6917-3 C2034